Radicalmente Vivos

MÁS ALLÁ DEL ABUSO

Dra. Lisa Cooney

Publicado por Access Consciousness Publishing.

Índice

Reconocimientos

Agradezco profundamente a:

Gigi, Donna, Ramona, Mathes, Sage, Mandi, Laura, Tara, Linda, Reid, Krista, Jen, Megan, Sage, Anna Lena, Rebecca, Linda, e incontables buscadores de consciencia que trabajaron sin descanso tras bastidores y apoyaron esta creación, haciéndose cargo de la logística para que yo pudiera viajar y llevar Vivacidad Radical, a aquellos que han y siguen luchando por dejar atrás el pasado y el abuso.

A Erica Glessing, directora de Happy Publishing, por contactarme y reconocer mi brillantez e impulsar 8 best sellers internacionales que han sido número 1 y que me han llevado a una enorme exposición profesional y más allá.

Gracias a Happy Publishing por otorgarme los derechos completos para la inclusión en este libro de cualquier material contenido en otros libros de la misma editorial.

A Gary Douglas, al Dr. Dain Heer y a las herramientas de Access Consciousness®. Estaba muy perdida cuando los encontré. La muerte de uno de mis padres me impulsó a buscar algo completamente diferente. Lo que encontré bajo capas de trauma y abuso, con la guía talentosa, bondadosa y experta de ambos, era YO. Lo que ustedes dos son y hacen, es una inspiración y un regalo. Gracias.

A Sandra Rogers, la Productora Ejecutiva de mi show de Radio en "Voice America Empowerment", y "Voice America", por buscarme y ponerme al aire. Mi pasión para liberar al mundo del abuso, empoderando a las personas a estar "Radicalmente Vivos", fue engrandecido a través de este show.

Mi voz ahora es escuchada y tiene el potencial de ser oída alrededor del mundo en cualquier país o ciudad a través de internet. Sin importar donde se encuentren, si están luchando para ir más allá del abuso y crear una vida en estado de Vivacidad radical, ellos pueden oír el show de radio y leer este libro.

Y hay mucho más por venir...

Introducción

Por más de 20 años, he dedicado mi vida a ayudar a otros a escapar de la "prisión del abuso" y a crear una vida de gozo y con sentido. He trabajado con miles de clientes que, con entusiasmo, hablan de los magníficos resultados que han logrado a través del tipo de facilitación que ofrezco – misma que está balanceada con ímpetu, "sexual-ness" (la energía de recibir) y vulnerabilidad.

En este libro, tendrás una visión general de lo que este trabajo te permite, no sólo para superar un pasado abusivo, si no para impulsarte más allá de todo lo que te ha detenido hasta ahora y así vivir una vida al máximo.

Como psicoterapeuta calificada, pasé el inicio de mi carrera siguiendo el camino tradicional de pensamiento de cómo la gente podía sanar del trauma y el abuso. Y probablemente hubiese continuado así, si no hubiese sido yo mi mejor estudiante.

Estarás en lo cierto al decir que lo que he aprendido, se ganó por el camino difícil, experimentándolo.

Permítanme explicarles...

Durante las primeras dos décadas de mi vida fui extremadamente infeliz. En los inicios de mis 20s traté de entumecer el dolor bebiendo, usando drogas y saliendo de fiesta. Tenía sobrepeso y no me importaba nada acerca de mí misma.

Una noche, casi muero a causa de mi comportamiento imprudente.

Verán, yo crecí en un ambiente familiar muy violento. Fui abusada sexual, física y emocionalmente desde que era un bebé hasta mis años 20s.

Me sentía culpable, indefensa y en un terror constante. Nada de lo que hacía parecía ayudar y la felicidad, estaba desgraciadamente fuera de mi alcance. Hasta vivir, me parecía imposible. El abuso tenía control sobre cada aspecto de mi vida.

Todo se sentía mal, yo incluida.

Nunca sentí que encajaba en ningún lado. Lo único que me hacía feliz era el alcohol y escaparme. Bebía o me drogaba con cualquier cosa que caía en mis manos para no tener que sentir nada. Desorientada y aturdida, parecía ser la mejor manera de existir.

Cuando entré a la Universidad, caminaba alrededor del campus con la mirada al piso y mis hombros encogidos. Un día, una profesora se acercó y me preguntó si estaba bien. Nadie, jamás, me había preguntado esto antes. Mis ojos inmediatamente se llenaron de lágrimas.

Ella me ayudó a darme cuenta de que lo que había vivido, era tratable, y me llenó de esperanza saber que podría trascender de todo esto y crear una nueva vida para mí. Y eso, es lo que he hecho.

Hoy, estoy viviendo una vida de ensueño más allá de lo que jamás había imaginado: Viajo alrededor del mundo por trabajo y placer, facilitando clases de "Radicalmente Vivos, Más Allá del Abuso" y de "Recibir Energía" con nuestros cuerpos. Vivo en una casa preciosa que comparto con alguien que adoro. Estoy rodeada de 25 acres de tierra hermosa, 20 caballos, 3 perros, y mucho más. Tengo relaciones cercanas basadas en cooperación y apoyo, con amigos y seres queridos. Estoy vibrante y siempre eligiendo más.

Sin importar cuales han sido mis traumas y tragedias del pasado, Siempre estoy atenta a elegir acciones que vayan más allá de eso. Estoy feliz, más feliz de lo que nunca había estado. Finalmente, me he "recibido" y sigo aprendiendo nuevas formas de hacerlo.

EL ABUSO, NO CONOCE LÍMITES

El Abuso, por naturaleza, cubre un extenso territorio. Nos pasa a nosotros y pasa dentro de nosotros, se perpetúa a sí mismo a través de todos los rincones y grietas de nuestra experiencia. Se muestra en la forma que piensas, hablas, actúas y dejas de actuar. Se muestra en tus finanzas, tu capacidad para ganar dinero, la clase de trabajos o empleo que eliges.

Se muestra en cada relación que tienes, desde el vecino de la esquina, los amigos que mantienes, o la pareja a la que te comprometes. O no te comprometes. Se muestra en tu salud, en la forma en que tu cuerpo se ve y funciona, en la comida que ingieres. Y así, la lista continua...

No importa dónde consideres que tu experiencia encaja en el gran espectro del abuso. Lo importante es reconocer y retar esas experiencias. Tal vez viviste abusos durante tu infancia como el trauma y horror que yo viví. O tal vez tus padres se divorciaron cuando eras pequeño y nunca volviste a ver a tu papá (o mamá) nuevamente. Tal vez en tu casa peleaban por dinero y hoy tú luchas por sobrevivir.

Sin importar el alcance o la amplitud del abuso, aquí, todo es bienvenido.

Vivimos en un universo inclusivo.

ESCAPANDO HACIA LA LIBERTAD

¿Cómo sería vivir más allá de tu experiencia actual?

¿Qué sueños guardas en tu corazón? ¿Qué te dice esa vocecita que escuchas en tu cabeza?

Tal vez sepas o tal vez no. Pero no todos los que acuden a mi llegan sabiendo lo que desean en un nivel consciente. Años de negación, juicio y abuso cobran un alto precio en la vida y a veces, todo lo que te queda después de eso es un pequeño trozo de la misma, apenas sobreviviendo.

Este libro va a mostrarte como escapar de algo que yo llamo "la jaula invisible del abuso."

Te dará nuevas ideas de lo que es posible y conceptos que aplicarás sin importar donde te encuentres. Y no importa si tienes historial de abuso o no, porque estos principios y consejos, funcionan para cualquiera

Por otro lado, si sí tienes un pasado de abuso, también puede ser una línea de salvación.

Nota: Si encuentras que algunos de estos conceptos y el lenguaje que uso son nuevos para ti, eso es Bueno. No es un error de impresión, es una forma específica de decir algo que está enraizado en ciertas modalidades que yo utilizo. Porque, aunque soy una psicoterapeuta autorizada, también he sido entrenada y certificada en muchas clases de terapias de sanación alternativas, así que a veces mi elección de palabras proviene de ahí. (Si quieres saber más, por favor visita mi sitio web www.DrLisaCooney.com).

Una cosa es cierta...

Si pones en práctica el material que lees aquí, vas a lograr liberarte de lo que sea que te está deteniendo o previniéndote de elegir lo que te gustaría crear.

Esto te llevará en la dirección de lo que llamo Estado de Vivacidad Radical.....y no puedo esperar a compartirlo contigo.

¡Empecemos!

Testimonios

¡La Dra. Lisa Cooney es una facilitadora asombrosa! Llega directo al punto de lo que está sucediendo y camina contigo a través del evento, brindándote un apoyo sustentable. Ella da luz a lo que escondes en esa profundidad, de la que no sabes cómo salir. He tenido cambios masivos y nueva consciencia de las razones por las cuales hago lo que hago, a mí misma y a las personas que me importan. Ella me da herramientas para cambiar, aún los más profundos y obscuros traumas de mi vida. Me ha ayudado a descubrir mi hermoso y verdadero Ser. ¡AHORA TENGO VERDADERA ELECCIÓN en mi vida para vivir tan libremente como yo elija!

¡Recomiendo ampliamente a la Dra. Lisa Cooney como facilitadora de Clases de Cuerpo y de la clase de Radicalmente Vivos!

Sherry Jorgensen

Muchas cosas en mi vida han cambiado desde la primera vez que escuché a la Dra. Lisa Cooney hablar sobre crear y vivir en un estado de Vivacidad Radical, Más allá del Abuso. Sin identificarme con un pasado de abuso, me he sorprendido de cuanto su sabiduría puede cambiar cualquier cosa....¡Más allá del abuso! Mi relación con mi cuerpo es diferente y mejor, me divierto más y estoy más presente en mi cuerpo que nunca antes. Mis relaciones con los demás son más fáciles y estoy trabajando con otros haciendo negocios, que es algo que siempre evitaba. Más que nada... Estoy eligiendo por mí en un nivel totalmente nuevo y creando una vida que funciona mejor para mí. Estas son sólo algunas de las formas en las que este estado de Vivacidad Radical me ha mostrado al día de hoy. ¿Cómo puede mejorar esto?

Donna Hildebrand

¡Trabajar con la Dra. Lisa Cooney es lo mejor que he hecho por mí! Mi vida ha cambiado en maneras que solamente había soñado en el pasado. He dejado atrás una vida de sentirme como víctima. En el proceso, me he vuelto más segura y más saludable en todos los aspectos, física, mental, emocional y espiritualmente. Fui capaz de abandonar un trabajo detestable, dupliqué mis ingresos y creé un nuevo negocio. He perdido más de 100 libras y tengo una relación sana con una pareja amorosa. Gracias, gracias, gracias.

Tricia

La Dra. Lisa es una sanadora poderosa y comprometida, capaz de detener y transformar cada bloqueo que se le presente. Esto crea una atmósfera de extrema confianza y seguridad, permitiendo que los miedos más profundos, los bloqueos y las creencias obsoletas, salgan a la superficie para ser sanados. Es un maravilloso regalo trabajar con una de las sanadoras más poderosas del mundo.

Stephen

¡Lisa es la MEJOR! Como Campeón Mundial y medallista de oro, recomiendo completamente el trabajo innovador que la Dra. Lisa está realizando acerca del empoderamiento individual y la sanación. ¡SÍ FUNCIONA!

Patrick

Dedicatoria

Este libro está dedicado a ti, el lector, gracias por elegir una nueva posibilidad. Gracias por elegir liberarte de tu pasado. Gracias por saber que sin importar cuál ha sido tu tragedia, trauma o limitación, ahora o en el pasado, tú eres un creador de magnitud poderoso y potente y siempre puedes elegir más allá de tus circunstancias.

Si te pareces en algo a mí, puedes en algún momento o en muchos haber sido presa de la depresión, la enfermedad, la carencia y la soledad. Encontré que las herramientas y las palabras presentadas en este libro me ayudaron en mi recuperación para reclamar la mayor y más libre expresión de mí. Traté de hacerlo simple y práctico. Espero también tú las encuentres útiles.

Sé que con el trauma y el abuso las cosas no son tan simples y que lo que predomina es el sufrimiento. Te deseo que encuentres paz y consuelo sabiendo que mientras no te des por vencido, nunca cedas, ni renuncies, estás palabras pueden funcionar también para ti.

Deseo te inspires y transformes tu vida de trauma a una de sentirte Radicalmente Vivo, Más Allá del Abuso.

Siempre, mi amigo:

Elígete a ti

Comprométete contigo

Colabora con el Universo que conspira para bendecirte y Crear por y para Ti.

UNO

....

Más allá de la Jaula Invisible del Abuso

Seguir adelante es sencillo. Lo que se deja atrás, es lo difícil.

Dave Mustaine

"¿Me puedes dar detalles del abuso que sufriste en tu infancia?"

Hubo un largo silencio después de que mi editor me hizo esta pregunta.

Ella recientemente había revisado el primer borrador de mi libro, "Patea al Abuso en el Trasero", y quería más detalles sobre el abuso que había sufrido. Le pedí que me diera un momento para poder recordar todo.

Ocho largos minutos después, comencé a enlistarle los detalles.

Durante esos ocho minutos, hice un escaneo de mi cuerpo y me maravillé al descubrir que las dos décadas de abuso físico, sexual, emocional, financiero, espiritual y psicológico que había experimentado, ya no habitaban en mi cuerpo, aunque podía recordar la pesadez de todo lo que fue perpetrado.

Mientras compartía los detalles con ella, me sentí como si estuviera contando la historia de un cliente, o la de un amigo y no la mía. No estaba disociándome o desconectándome; más bien, me di cuenta que me había personificado más allá de mi historia de abuso.

Sonreí al darme cuenta lo lejos que he llegado en mi viaje más allá del abuso.

Una de las cosas que me ayudó inmensamente fue leer libros de auto ayuda, como lo estás haciendo tú ahora, subrayando oraciones hasta que las palabras saltaban de la página y entraban en mí, dándome una leve idea de una realidad distinta. Sabiendo que otros comprendían lo que yo estaba experimentando, me dio esperanza.

Y descubrí que, ciertamente, no estaba sola.

También hice otras cosas. Por ejemplo, traté de hacer senderismo, meditar, nadar, ciclismo, todo tratando de sacar el abuso de mí. Busqué ayuda profesional, e incluso hice una Maestría y un Doctorado en Psicología. Estaba comprometida a educarme continuamente clínica, energética y psicológicamente, determinada a encontrar la manera de ir más allá del abuso.

Mientras facilitaba taller tras taller y liberaba a otros de su abuso, finalmente, me liberé a mí misma. Y no he parado. Mi compromiso continúa siendo erradicar y eliminar el abuso en sus múltiples formas de este planeta, a través del movimiento "Live your ROAR" (Vive tu "ROAR", por sus siglas en inglés).

MÁS ALLÁ DEL ABUSO: UN NUEVO PARADIGMA DE SANACIÓN

Tal vez, has experimentado abuso, ya sea sexual, físico, espiritual, financiero o emocional. Pudo haber sido un evento único o una serie de incidentes.

Tal vez, ya hayas invertido una cantidad considerable de tiempo y energía en sanar tu experiencia del abuso y, tal vez, no hayas visto los resultados que deseabas. Eso es entendible. Desafortunadamente, he encontrado que muchas de las herramientas y prácticas que precedieron el enfoque que ahora uso para ir más allá del abuso, son acerca de repararnos y de definirnos por nuestra historia de abuso.

No soy de la creencia de que debemos repararnos a nosotros mismos para poder ser libres. Cuando adoptamos este modelo, asumimos que hay algo erróneo con nosotros y buscamos las soluciones para arreglar el problema. Se convierte en un pozo sin fondo. Y nunca llegamos al final de ello porque nunca nos sentimos "arreglados" o "completos". En vez de eso, te encuentras a ti mismo dando vueltas en círculos, preguntándote si alguna vez esto va a terminar, esperando el día en que finalmente estés sanado. La sanación del abuso sucede en capas, a veces muchas capas; enfocarte en lo que está bien de ti es la punta de lanza para empoderarte e ir más allá del abuso.

Este capítulo es parte de un fragmento de mi próximo libro, "Pateando el Abuso en el Trasero", y describe un nuevo modo de sanar e ir más allá del abuso.

Vas a descubrir que no necesitas arreglar nada o ser definido por tu abuso. También descubrirás como hacer una elección para terminar con la perpetración y nunca más permitir que ese acto o serie de ellos, domine tu vida entera.

LA JAULA INVISIBLE DEL ABUSO

Pasé mucho tiempo de mi vida en una jaula invisible.

Digo que era invisible porque, aunque yo vivía dentro de ella, como prisionera silenciosa, ni siquiera era consciente de que existía. Me tomó décadas ponerle un nombre, y mucho menos describirla en palabras que pudiera compartir con el mundo. Sin embargo, cada vez que hablo acerca de la jaula invisible con alguien que ha experimentado abuso, hay una mirada de identificación, a veces de alivio, que puedes percibir en ellos. Tal vez, al leer esto en este momento, estés experimentando algo similar.

La jaula incluye un juicio sutil acerca de lo malo que te consideras y que das por descontado como verdad. En otras palabras, te percibes a ti mismo como malo o vil, por el abuso que ha ocurrido. Este "ser malo" se convierte en el filtro mediante el cual tu experimentas y percibes la realidad. Como resultado, tu creas tu vida desde la perpetración y te encarcelas a ti mismo en ella.

Tu jaula es como un fantasma que continuamente te susurra al oído. Susurra cuando tienes retos. Aun cuando todo va bien en tu vida, este no se detiene. De hecho, en esos tiempos probablemente se vuelve más ruidoso, como un intento desesperado de mantenerte dentro de la jaula del abuso. Vivir en los límites de la jaula te mantiene en un lugar que es familiar. Hay una comodidad extraña en los confines de la jaula, aun cuando desees con todo vivir muy lejos de ella.

La jaula está basada en la carencia, la limitación y la mentira.

La jaula te mantiene lejos de la libertad, el placer y la posibilidad.

Vivir dentro de la jaula es vivir sin una voz. Tal vez seas capaz de hablar y funcionar en el mundo, pero ahí, hay una parte que permanece aislada, silenciada y alejada de la realidad, una parte dentro de ti, entumecida, muerta en vida.

El dolor de vivir dentro de la jaula puede ser tan grande, que a veces eliges el escape. Puedes aturdirte o entumecerte para evitar el dolor. Lo puedes hacer frecuentemente durante el día, saliéndote de tu cuerpo. También puedes usar comida, alcohol, drogas o medicamentos como formas más profundas de escape.

Te conviertes en sólo la envoltura de quien realmente eres.

Te preguntas porqué te auto saboteas, cuando lo que en realidad estás haciendo es operar desde lo que la jaula ha sido diseñada para hacer: pelear la vida y decir "no", desde un lugar de contracción, en lugar de abrazar la vida y decir "si", desde un lugar de expansión. Dentro de la jaula, tu continúas reaccionando a la vida desde los patrones del abuso pasado y esto mantiene la perpetración viva.

También puedes haber notado que cuando vives desde dentro de la jaula del abuso, esta reverbera a través de otras áreas de tu vida. Cuando filtras el mundo a través de los lentes del abuso, es como si atrajeras más de él, llevándote hacia más culpa. Y frases como "tu creas tu realidad", no ayudan. Cuando el patrón del abuso se perpetúa continuamente a sí mismo y no sabes cómo detenerlo, aumenta el sentimiento de que hay algo malo en ti.

Algo que sucede frecuentemente desde dentro de la jaula es, que como el abuso nubla nuestra realidad, la percepción de la misma se tuerce en un tipo de locura moderada. Donde lo que parece ser cierto puede ser falso y viceversa. Nos encontramos confiando en personas que no deben ser confiadas, y no confiando en gente en la que podríamos confiar. A nuestra vida llegan personas que representan todas las cosas que hemos querido generar y manifestar, pero las alejamos, porque tratar con ellas, significaría vivir lejos y fuera de la jaula y eso, nos hace sentir incómodos.

Si has estado caminando dentro de la jaula invisible del abuso, probablemente has asumido que esta era tu única opción. De hecho, para la mayor parte de las personas con las que he trabajado, la idea de poder elegir, al principio, les parecía extraña. Nos han vendido el mito de que, porque hemos experimentado abuso, nuestras vidas van a estar por siempre repletas de sufrimiento. Tu vida hasta ahora, probablemente te ha probado con suficiente evidencia, de que esto es así.

Pero vivir en la jaula invisible del abuso como un prisionero silencioso, no es tu única opción.

HAZ AMISTAD CON LA JAULA DEL ABUSO

He descubierto al apoyar a decenas de miles de personas alrededor del mundo a superar el abuso, que no necesariamente tenemos que salir de la jaula por medio de una solución rápida.

Primero, debemos ser conscientes de ella y reconocerla.

En este momento puedes estar despertando, por primera vez, al entendimiento de que la jaula existe. Las personas frecuentemente dicen: "Oh, así que esto es", cuando me oyen hablar acerca de la jaula, dándole finalmente palabras, a algo que por lo regular permanece sin nombre.

Es como si siempre hubiese habido un elefante defecando en tu sala y todos estuviesen, silenciosamente, caminando encima de la porquería sin decir nada. Ahora, ya no lo ignoramos. La jaula apesta y hay que lidiar con ella.

Después de que reconoces la jaula, debes aceptar que has estado viviendo en ella. En un sentido muy real, la jaula ha sido realmente tu mayor aliado en la sanación; te protegió durante un tiempo en que requerías resguardo.

La belleza es, que cuando aceptas la jaula mientras eliges algo distinto a entumecerte, te tranquilizas. Te abres a la posibilidad de estar en comunión con tu dolor.

Básicamente, esta es la única manera de disolver los barrotes de la jaula y pasar a la verdadera libertad, gozo y posibilidad que existe a pesar de ella.

Para poder salir de la jaula, no necesitas llevar nada de ahí, afuera contigo. Aquí es donde mi forma de abordar las cosas difiere radicalmente de lo que podrías haber experimentado en otro tipo de terapias. En vez de eso, aprendes a hacer diferentes tipos de elecciones que no perpetúan el abuso. Descubres cómo conectar contigo mismo, más allá de la locura que creó la jaula en primer lugar. Y eliges vivir sin convertir lo que te pasó (sin importar si es un sólo hecho o una serie de eventos) en la definición de tu vida. Es muy probable que toda tu realidad, empiece a cambiar mientras te vas dando cuenta de cómo la jaula invisible se muestra en tu vida.

MOVIÉNDONOS MÁS ALLÁ DE LA JAULA DEL ABUSO

La broma cruel acerca del abuso, es que este terminó hace mucho tiempo y tu sigues aun tratándote, como el abusador te trató.

¿Por qué haces esto?

La jaula invisible del abuso te mantiene prisionero en la creencia que tú estás mal o eres malo; que no mereces vivir para ti y en su lugar necesitas hacer lo que otros piensan que debes hacer, o lo que se supone debes hacer (justo como ocurrió durante tu abuso: hiciste lo que te dijeron y tus necesidades no importaron).

Cuando te haces amigo de la jaula del abuso, detienes la guerra contra ti mismo. Este es el lugar desde donde comienzas a elegir y te comprometes con tu propia vida.

¿A qué se parece esto?

El comprometerte con tu vida se parece a defender lo que elijas sin importar lo que pase. Es nunca ceder y nunca rendirse (lo dice el irlandés peleonero dentro de mí). Y aun así, no se trata de empujar, forzar, excluir o pelear.

Ya no tienes que probar nada, o pelear para tener una vida para y por ti.

Simplemente, tienes que elegirla. Este compromiso con la vida, no es pesado, porque cuando eliges para y por ti, se convierte en la mayor sencillez, ligereza, gozo y diversión posibles. De hecho, requiere una bondad hacia ti mismo que puede ser que nunca hayas experimentado antes.

Pero, hay un obstáculo enorme que te puedes encontrar al comprometerte con tu vida...

He guiado a miles de personas a sobreponerse a su abuso sexual y uno de los retos más grandes con los que los he visto batallar, es el dejar ir su historia de abuso. Es su historia, y el papel de víctima en su historia, lo que los aleja de comprometerse con ellos mismos. Es como si estuviesen más comprometidos con su historia de abuso, que con la posibilidad de una vida más allá de eso. Yo he estado ahí. Sé de esto. Sin embargo, esto sólo necesita ser una "fase" en tu camino desde la jaula del abuso hacia un estado de Vivacidad Radical.

Cuando te aferras a la historia de abuso, te mantienes atrapado a ti mismo en el papel de "víctima". Es como si "la vida te pasara"; y sólo eres una víctima de las circunstancias; que sin importar lo que hagas, van a joderte de todos modos, así que sólo piensas: "qué más da".

El abuso entonces, se convierte en la gran excusa para no comprometerte con tu propia vida

Pero hay otra posibilidad que me gustaría mostrarte.

Cuando dejas atrás la historia de tu abuso, obtienes ayuda para liberar la angustia interna acerca de él y te mueves fuera de la "jaula del abuso" y de lo malo que hay en ti, se abre un espacio para algo nuevo:

Descubres lo "fenomenal" de ti.

Te conviertes en alguien radicalmente vivo, un estado del ser donde el abuso no controla más tu vida y tú estás generando y creando una vida para ti mismo, más allá de lo que cualquiera pudiera haber imaginado.

En el próximo capítulo, vas a aprender más acerca de esta jaula de abuso y su impacto en tu habilidad natural para crear.

DOS

· · · · · · · · · · ·

La Creatividad, como el Espacio de la Posibilidad

Yo resido en la posibilidad.

Emily Dickinson

El abuso es uno de los obstáculos más grandes para la creatividad.

De hecho, a decir verdad, no es el abuso en sí, porque en la mayoría de los casos para cuando mis clientes vienen a verme, el abuso ha terminado. Pudo haber sido un incidente aislado en el pasado o muchas experiencias de abuso a través de décadas.

Sea como sea, el sentimiento que las personas describen es "estancamiento". Es como si estuvieran atrapados en una jaula invisible, una clase de fuerza destructiva que les impide crear su vida de totalidad.

Así que en realidad, es la jaula del abuso uno de los obstáculos más grandes para la creatividad. La jaula del abuso perpetúa la destrucción, el abandono, la separación y el aislamiento, y cuando te enganchas en ella, estás en un estado constante de degradación y desempoderamiento.

LA JAULA INVISIBLE DEL ABUSO

Cuando has experimentado abuso, es fácil quedar atorado repitiendo patrones del mismo que se muestran como limitaciones alrededor de tu salud, tus relaciones y tu economía.

Esencialmente, tus capacidades generadoras y creativas para hacer lo que amas en el mundo, se bloquean. Es como si la canción siempre se atorara en la parte de "No puedo", "No sé qué hacer" y "Algo está mal conmigo".

¿Cómo puede el fuego de la creatividad arder, cuando sólo existe una opresión sofocante? ¿Y cómo conectas con la energía de la creatividad, cuando estás encerrado en una jaula invisible?

LA DESTRUCCIÓN PREVALECE POR ENCIMA DE LA CREACIÓN

En lugar de crear tu vida, eliges de manera inconsciente la energía de la destrucción. De manera sutil, pero profunda, destruyes todo lo que deseas crear. Y lo verás reflejado en tu vida como: terminar o destruir relaciones, caer en quiebra financiera o acumular deudas, y/o ser destructivo con tu cuerpo y nunca darte cuenta de que hay algo más que es posible. Se ve y se siente que vas remando contra corriente, siempre enfrentando sufrimiento, obstáculos y catástrofes.

¿Por qué es así?

Porque la desarmonía y el conflicto, te son familiares. Y la armonía y la paz te parecen extrañas.

La jaula invisible está cimentada en la mentira de que hay algo malo en ti. Está basada en la historia de que eres limitado y que careces de algo. Estos juicios que haces de ti mismo (y potencialmente de otros, también) están enfocados a destruirte y mantenerte pequeño. No están dirigidos a crear una vida en un estado de Vivacidad Radical.

Suena a locura, lo sé. ¿Por qué alguien escogería destruir su vida en lugar de crearla?

Todo lo que tienes que hacer es mirar con detenimiento y estar dispuesto a ser completamente honesto. Pregúntate a ti mismo:

- ¿He estado creando o destruyendo mi vida?
- ¿He estado creando o destruyendo mis relaciones?
- ¿He estado creando o destruyendo mi relación conmigo mismo?
- ¿He estado creando o destruyendo mi relación con el dinero? ¿He estado creando o destruyendo mi relación con mi cuerpo?

SE HONESTO CONTIGO MISMO

Como describí en la "Introducción", las primeras dos décadas de mi vida estuvieron llenas de abuso: físico, sexual, emocional, mental, financiero. Provenía de muchos lugares: miembros de mi familia, amigos de la familia, la Iglesia, la agencia de modelos y de sanadores.

Me dijeron una y otra vez a través de mi niñez, que era mala y yo creí esta mentira. Convirtiéndose en la jaula en la que viví.

A través de mi proceso de sanación, estaba decidida a usar mi propia experiencia de abuso como el catalizador para "Beyond Abuse Revolution" (Revolución Más allá del Abuso) y, después, el movimiento "Live Your ROAR." (Vive tu ROAR, por sus siglas en inglés). Para lograr esto, sin embargo, primero tenía que ser honesta conmigo misma y darme cuenta como en realidad me estaba destruyendo, en lugar de crear mi vida, mis relaciones, mi carrera, mis finanzas, mi cuerpo, mi salud y mi ser completo.

Por ejemplo, nunca quise permitir que alguien se acercara a mi porque tenía miedo de que ellos también, vieran mi maldad y salieran corriendo y gritando. ¿Cómo podría crear otra cosa que no fuera destrucción, si yo era mala y nunca nadie me amaría?

También aprendí el lenguaje de la crueldad mientras crecía, así que eso fue lo que usé en las relaciones de mi vida adulta. Creaba

conflicto en lugar de comunión, lo que resultó en divorcio y deses-
peración.

En mis 20s, ignoré las necesidades de mi cuerpo y me sometí a
patrones destructivos: drogas, sexo y gula. Tenía dinero y sin embargo me sentía culpable de tenerlo y que otros no, así que pagaba
por todos los demás en un esfuerzo de tratar de comprar su amor.

Todos estos comportamientos me mantuvieron atrapada en la
jaula invisible del abuso, repitiendo los mismos patrones abusivos
que me eran familiares desde mi infancia. Todo lo que sabía era
destruirme a mí misma y a todo lo demás en mi vida.

EL PUENTE MÁS ALLÁ DE LA JAULA

El punto donde todo cambió para mí, fue cuando aquella profesora
de la universidad se acercó y me preguntó si estaba bien, y esta
conversación con ella se convirtió en el puente a un nuevo capítulo
en mi vida.

Ella me ayudó a ver que había otro modo de vivir más allá de
repetir los patrones de abuso.

Me comprometí a encontrar el camino fuera de la jaula que me
mantenía atrapada en la destrucción, en lugar de vivir mi vida. Me
convertí en Doctor en Psicología y estudié docenas de modalidades
de sanación.

Trabajando con terapeutas y sanadores, simultáneamente, ca-
miné mi propio viaje de sanación mientras ayudaba a clientes al
mismo tiempo, guiándolos en su viaje personal de sanación más
allá de la jaula invisible del abuso.

Hoy, más de dos décadas después, he trabajado con miles de
clientes alrededor del mundo, y estoy profundamente conmovida
y agradecida que esos primeros años, arraigados en tanto abuso,
se han convertido en el catalizador para patear al abuso en el trasero.

Estoy emocionada de compartir las llaves que descubrí para
abrir la jaula del abuso, porque más allá de la jaula, más allá del

puente, hay una manera de vivir que está cimentada en la energía de la posibilidad y la creatividad.

BIENVENIDO A LA VIVACIDAD RADICAL

Imagina esto.....

Te levantas con alegría en tu andar, feliz de estar vivo y listo para ver qué más es posible este día. De inicio a fin, tu día está lleno de elecciones basadas en tus deseos y que desde esos deseos, todo es posible y tú eres un imán generador y creativo.

La gente ama estar a tu alrededor. Cambias la energía de todo lo que te rodea, solo siendo tú.

Tus relaciones están basadas en la comunión y la armonía. Son divertidas, tranquilas, gozosas y mutuas. Tu cuerpo está sano y vibrantemente vivo. Estás energizado y hay un brillo especial en ti.

Tu negocio está creciendo y tus colaboradores ríen y se unen a ti en lo que sea que estés creando. Cada día es una nueva posibilidad de recibir dinero, apoyo y posibilidades.

La vida es una Aventura gozosa. La risa y la ligereza llenan tu cuerpo. Estás asombrado de sentir tal unión contigo mismo.

La gente pregunta que hiciste para cambiar y tu respondes "Me elegí a mí y a la felicidad, y creé lo que sabía que era posible."

Inspirador, no?

Esta es la vida que está esperando para que la elijas.

Permíteme presentarte las llaves para liberarte a ti mismo de la jaula del abuso, para que tú también puedas caminar a través del puente y experimentar un estado de Vivacidad Radical.

LAS 4 CS (POR SUS SIGLAS EN INGLÉS): ELEGIR, COMPROMETERSE, COLABORAR Y CREAR

Estas son las llaves que van a liberarte de la mentira y las limitaciones que alguna vez te compraste y del ciclo destructivo que perpetuó tu abuso.

1. *Elígete a ti.*

   ¿Qué significa elegirte a ti?

   Bueno, ¿sabes lo que es estar en una relación con alguien y tú haces todo para ellos y nunca para ti? Ese es un ejemplo de no elegirte a ti. Cuando tú haces cosas por otros a expensas de ti, los estás haciendo más importantes que tú. Esto es lo que sucede en el abuso: tus deseos y necesidades se vuelven irrelevantes.

   Cuando te eliges a ti, tus necesidades y deseos se vuelven importantes.

   Te conviertes en una prioridad. Comienzas a crear tu vida.

   Cuando te eliges a ti, puedes ser generoso y puedes estar ahí para otras personas, pero no a tus expensas. Te incluyes a ti mismo en todas tus elecciones y relaciones.

   ¿Qué podrías crear cuando te eliges a ti?

2. *Comprométete contigo.*

   Cuando te comprometes contigo, te comprometes a nunca ceder, nunca renunciar y nunca dejar que nadie ni nada te detenga. Es tu compromiso contigo mismo, el de elegirte a ti en cada momento de cada día. En otras palabras: Nunca te rindes. Jamás.

   Mi tenacidad para superar las primeras dos décadas de mi vida y todo el abuso que experimenté, vino desde ese lugar de compromiso conmigo misma. Una vez que me di cuenta de que estaba viviendo en una jaula de abuso y que existía algo más que podía elegir fuera de la jaula, juré nunca rendirme hasta haber salido de ella y estar al otro lado del puente.

   También juré empoderar a todas las personas posibles para que se liberaran de la jaula del abuso, eligiéndose a sí mismos y comprometiéndose con sus propias vidas también.

Cuando te comprometes contigo mismo, te comprometes a ser todo TU, en todas tus relaciones. No te separas de ti mismo tratando de complacer o adaptarte a otros. La paradoja es que mientras más te comprometes contigo, también te encuentras más disponible para comprometerte con otros en modos armoniosos y mutuamente satisfactorios.

¿Qué podrías crear cuando te comprometes contigo?

3. *Colabora con el Universo*

Tal como compartí antes, cuando estás dentro de la jaula del abuso sientes que estás remando contra corriente, siempre enfrentando sufrimiento, obstáculos y catástrofe. Se siente como si el mundo te persiguiera.

Yo también creí eso por mucho tiempo. Pensé que todos estaban en mi contra y que tenía que hacer todo yo misma.

Era mentira.

Porque la verdad es que el Universo está conspirando para bendecirte y animarte a que tengas gozo y éxito sin medida. Todo lo que tienes que hacer es colaborar con él, abriéndote a recibir la contribución y apoyo de todas las diferentes personas y posibilidades que desean brindártelo.

Y es tan fácil como pedirlo.

Cuando estás dispuesto a pedir y a recibir, descubrirás que hay muchas más cosas disponibles para ti al crear tu vida.

¿Qué podrías crear colaborando con el Universo?

4. *Crea tu Vida*

Tú puedes iniciar una nueva conversación con el Universo haciendo las siguientes preguntas:

* ¿Qué te divierte?
* ¿Qué te entusiasma?
* ¿Qué tan diferente serían las cosas si crearas tu vida para ti?

- ¿Qué elegirías para ti cuando no estás enfocado en hacer a otras personas tu prioridad?

Cuando te mantienes conectado con lo que deseas y permites que eso sea tu mayor prioridad, estarás creando una vida expansiva e inspiradora para ti.

Serás el creador, en lugar del destructor de tu vida. Así que dime, ¿Cómo puede mejorar esto®?

LA ENERGÍA DE LA CREATIVIDAD

Las 4 Cs te van a sacar de la jaula y te harán cruzar el Puente hacia un estado de vivacidad radical, paso a paso, elección tras elección, para que en lugar de destruir tu vida, estés ahora creando tu vida.

Comienza por cuestionar la jaula, para darte cuenta de que está hecha de mentiras y limitaciones que no son verdades para ti. Debes estar dispuesto a dejar ir los viejos patrones de "no puedo", "no sé qué hacer" y "algo está mal conmigo".

Pues mientras cuestionas la jaula y preguntas qué más es posible, comienzas a caminar hacia afuera de ella y a cruzar el puente hacia otra posibilidad.

El deseo de algo más allá fuera de la jaula del abuso, es el combustible que te llevará hacia adelante.

¿Qué está pidiendo ser creado en este momento? ¡Elígelo! Se el espacio de posibilidad.

En el siguiente capítulo, aprenderás acerca de una clase única de energía que está disponible para ti, para crear la vida que elijas.

TRES

·············

Creando tu vida "Cayendo en su lugar"

"...Y yo diría que el mundo está lleno de cosas maravillosas que aún no he visto. Nunca renuncies a la oportunidad de verlas.

~ JK Rowlings (post de Twitter)

En mi práctica como sanadora, juego en el reino de la consciencia para ayudar personas a cambiar sus vidas y sentirse radicalmente vivos. Y como muchos de mis clientes vienen de algún tipo de abuso en su pasado, esta transformación puede ser muy espectacular y dramática.

Si existe un "secreto" en su éxito al haber dado este salto, yo diría que fue el descubrimiento y aceptación de su habilidad para pararse directamente en la energía de ¡Lo quiero! Cueste lo que cueste.

Cuando eliges este espacio, percibirás una expansión y densidad palpable al mismo tiempo, como una bola de energía viviendo dentro de una máquina de pinball gigante, lanzada al espacio, rebotando contra lo que no está funcionando hasta que, eventualmente, aterrices donde era tu intención y elección.

Esta energía de ¡Lo quiero! Engendra la idea de que sin importar de donde vengas, sin importar cuál es tu historia, sin importar que trauma, que abuso o que tragedia horrible haya recaído en ti o tu familia, que relaciones no hayan funcionado, el dinero que no tienes o que perdiste, o cualquier conflicto que estés lidiando, no pararás hasta tener lo que deseas.

Así que aunque metafóricamente te encuentres en una máquina de pinball, rebotando de un lado a otro, dos pasos adelante y uno atrás, te mantienes lanzándote hacia la vida con la consciencia de que sin importar que sea aquello que parece ser no puedes sobrepasar, eso ya no te sirve, y no vas a parar hasta que cambie.

¡Lo quiero! Cueste lo que cueste.

De entrada, te puede parecer un poco difícil. Me hace pensar en el adagio "Trabaja duro, juega duro", y aunque no es tal cual, porque la energía de ¡Lo quiero! es realmente simple, sí requiere de una consciencia perseverante para seguir yendo hacia adelante, sin importar los bloqueos que percibas y que aparentemente te rechazan o tratan de detenerte. De hecho, te encontrarás diciendo, "Bueno, eso no funcionó". La elección crea consciencia. ¡Lo quiero! Cueste lo que cueste. Así que te preguntas: ¿cuál es el siguiente paso?

Y caminas hacia él.

¿QUÉ TAN LEJOS PUEDES LLEGAR?

Por ejemplo, una de mis clientes escuchó los "susurros de consciencia" acerca de tener un bebé, al mismo tiempo que su matrimonio de 10 años estaba desbaratándose. Ella siempre había querido tener un bebé, pero por muchas razones, eso no había funcionado. A pesar de eso, todavía le carcomía.

Durante este periodo, ella trabajó conmigo intensamente para elegir escuchar los "susurros" y, mientras lo hacía, todo comenzó a cambiar rápidamente. Estaba decidida a tener un hijo sola sin importar nada y comenzó a tomar las decisiones requeridas para crear la vida que deseaba, lo que incluía elegir divorciarse y tener un bebé por su cuenta.

Al principio se topó con muchas trabas. Los doctores en fertilidad, no querían hacer el procedimiento porque el proceso de divorcio empantanaba el evento. Entonces, una vez que ella se embarazó, enfrentó la discriminación como madre soltera en su lugar de trabajo, aun cuando era empleado de alto rango en una posición prestigiosa.

Y entre más su vida se desmoronaba, más permanecía comprometida al proceso, trabajando para aclarar su consciencia.

En pocas palabras dijo: "Voy a tener este niño. Siento la energía de este espíritu alrededor mío y no me voy a dar por vencida. Elijo crear esto."

¿Qué necesito hacer para que esto pase y resulte de la mejor manera?

Y estando en eso, realmente prestó atención a los "susurros de consciencia" acerca del espíritu del bebé y encontró una forma de quedar embarazada, siendo muy práctica en ello. Eligió utilizar las herramientas de la sanación energética y la energía de ¡Lo quiero! y ¡Yo me elijo, cueste lo que cueste!

DIRIGIR Y DEMANDAR

Sin importar lo que no te esté funcionando, de alguna manera, de algún modo, habrá un espacio, no importa que se vea como un pequeño agujerito en donde tendrás que apretujarte para poder pasar a través de él. Esto sin embargo, no requiere que te doblegues, mutiles, o hagas algo que te haga no ser tú mismo para lograrlo

Por el contrario, te estarás liberando de las obligaciones, votos, contratos, genética, linaje, sistemas de creencias y realidad física que te dice: "Tú, no puedes tenerlo todo, no puedes pedir lo que en verdad deseas. Tú no puedes crear tu vida en la forma que realmente quieres".

Cuando cruzas la línea hacia esta energía, puede ser intimidante para las personas a tu alrededor. Pues pueden confundir el que demandes algo para ti, con "ser demandante", particularmente si ellos crecieron con padres o personas abusivos o "demandantes" y no entienden la distinción. Hacer una demanda es una declaración poderosa de ¡Lo quiero! Mientas que ser demandante tiene un filo abusivo en ello. Fundamentalmente, ambas no podrían ser más diferentes.

Desafortunadamente, llegado el momento, muchas personas no creen que en realidad pueden dirigir y demandar su vida, para crearla lo más fácil que se pueda, así que viven sus vidas en el "juego de la espera".

Esperan que los otros tengan la voluntad de cambiar, de crear y de tener éxito para unírseles y ser algo.

Cuando vives a la sombra de alguien de esta manera, te conviertes en un parásito que succiona energía, en vez de generar y crear energía para ti mismo, tu negocio y tus relaciones. Es lo opuesto de ¡Lo quiero! Y más como: ¡Pueden quedárselo, y yo luego veo qué puedo sacar de ahí!

Es como decir, "Ah, mira, alguien más tiene lo que quiero o está haciendo lo que quiero, déjenme unirme y hacer lo mínimo posible, participar tan poco como pueda, pero sí demandar ser recompensado (como si tú dirigieras) y ser parte de algo más grande que yo, pero sin que esto haya sido demandado por mí, conmigo o con otros."

Por supuesto esto no hace nada para impulsar y transformar sus vidas, o ser el agente de cambio en colaboración con otros o con la tierra.

Esta complacencia con la que vive la gente los pone en un estado de hastío, en un limbo perpetuo, esperando por "lo que sea" para cambiar.

Claro que desean algo más y hablan de ello todo el tiempo, pero nunca llegan al cómo generarlo y crearlo. Sus pensamientos dan vueltas como un tigre persiguiendo su cola:

"¿Por qué me sigue pasando esto? Todo es tan complicado. Nada me funciona, no importa lo haga. ¿Por qué todo es tan difícil? ¿Por qué funciona para otros y para mí no?"

Sus vidas están confinadas a un área muy pequeña, que ya he descrito anteriormente, como una especia de jaula auto impuesta con barrotes energéticos que los mantienen prisioneros.

LIBERÁNDOTE A TI MISMO

La jaula del abuso está formada por cuatro "pilares" que llamo las 4 Ds (por sus siglas en inglés). Más adelante, en el Capítulo Seis, las exploraremos ampliamente, pero por ahora nos ayuda el saber cuáles son:

* *Disociación*
* *Negación*
* *Defensa*
* *Desconexión*

En mi trabajo, ayudo a personas a identificar esta jaula invisible para que no solamente puedan abrirla y caminar hacia la libertad, sino que también puedan cruzar el Puente hacia un estado de Vivacidad Radical, hacia la energía de ¡Lo quiero! Cueste lo que cueste.

Si recuerdas del capítulo anterior, el estado de Vivacidad Radical también tiene cuatro componentes – Las 4 Cs (por sus siglas en inglés)

* *Eligiendote ti*
* *Comprometiéndote contigo*
* *Colaborando con el universo, sabiendo que conspira para bendecirte*
* *Creando la vida que deseas*

Si estás esperando, no estás eligiendo. Estás dejando tu puerta trasera abierta para no crear nada distinto al trauma y al drama de la máquina de pinball. Esto es destrucción y desempoderamiento y es lo que te mantiene encerrado en la jaula del abuso.

SE TRATA DE UNA ENERGÍA INMENSA

¡Lo quiero! Se trata de una Energía Inmensa, o Pronoia.

En su libro, "Pronoia es el antídoto de la Paranoia, Revisado y Expandido: Cómo el mundo entero está conspirando para bañarte con sus bendiciones", Rob Brezsny la describe como "el antídoto de la paranoia. Pronoia es el entendimiento de que el universo es fundamentalmente amigable. Es un tipo de entrenamiento para tus sentidos e intelecto de ser capaces de percibir el hecho de que la vida siempre te dará, exactamente lo que deseas, exactamente cuando tú lo demandes."

Puedes elegir convertirte en la intensidad que nada puede detener sin importar qué suceda. Sí, podrás salirte de control en ocasiones, o rebotar hacia delante y hacia atrás en la máquina de pinball hasta que te conviertas en el "mago del pinball", enfocado, directo, demandando y placenteramente eligiendo lo que deseas. Y frecuentemente, al principio, las cosas tenderán a romperse o alejarse (de entrada te pelearás con esto), pero te imploro que lo recibas como una señal de que las cosas están funcionando, de que el universo está conspirando para bendecirte. Esa ruptura es una parte esencial y natural del proceso de creación.

UN EJEMPLO PERSONAL

Recientemente, mientras me preparaba para un tour de 6 semanas que había planeado, de la nada, imprevistos problemas financieros me inundaron. Mi reacción inmediata fue, "No me puedo ir ahora y hacer todo esto. Necesito trabajar más y pagar, es lo que hay que hacer. No debería subirme a un avión para ir a otro sitio a atenderme o facilitar para otros. ¿Cómo puedo viajar si no tengo todo cubierto?

Claramente esta no era la voz de ¡Lo quiero!, era más bien la que te dice "¿Ves? Te lo dije....no puedes tenerlo." Es gracioso como cuando nos vamos moviendo hacia delante, promulgamos el trauma para así bloquear las cosas por venir e impedir convertirnos en los hechiceros, los creadores mágicos que realmente somos.

Y por si no fuera suficiente, al mismo tiempo las cosas se desmoronaron en el frente romántico, cuando mi "otra mitad" dejó nuestra relación y "nos" terminó unilateralmente. De haber tenido voz en ello, yo hubiese dicho, "Oye ¿qué podemos hacer para resolver esto juntos?" totalmente consciente de que a veces, no se puede hacer juntos, lo tienes que hacer solo.

Entonces ¿qué puedes hacer cuando alguien elige y no es tu elección? Tomas la tuya. Y esta es: ¡Lo quiero! Cueste lo que cueste elegir.

Así que elegí irme por seis semanas, elegí dejar ir completamente la relación, me elegí a mí y elegí saber que el universo conspiraría para bendecirme y que el frente financiero iba a generar nuevas posibilidades fácilmente y sin esfuerzo.

Y he aquí la increíble certeza que llega tras haber escuchado los susurros y elegirte a ti junto con las bendiciones del universo: Todo salió mejor de lo que podía haber imaginado. Sí, ha habido baches en el camino y sin embargo, una expansión constante me ha acompañado en este viaje. Estoy cambiada para siempre y comprometida conmigo.

¡LO QUIERO! ¡LO ELIJO! ¡ME ELIJO!

En esta energía está una voluntad de dejar ir todo. Tienes que estar dispuesto a perder todo para tener todo. Y mientras esto pareciera algo malo, si miras con atención, usualmente descubrirás que muchas de ellas, son cosas que de todas formas no querías, porque en algún nivel, no te estaban apoyando en nada.

Seamos sinceros......

Si quieres algo que es un "10", vas a tener que dejar ir el "9" al que te has estado aferrando, aunque inicialmente, dejar ir la forma y la estructura de eso podría ser la parte más difícil. En mi propio caso, yo no tuve ningún problema para dejar ir o cambiar nada de lo que compartí anteriormente.

La dificultad en la que sí me atoré, fue en "creer" que las cosas tenían que verse de una manera específica para encajar en esta realidad – hasta que hice las paces con el espíritu del cambio y elegí seguir eligiéndome y cumplir mi demanda de estar radicalmente viva en la energía de ¡Lo quiero! Cueste lo que cueste. Sin importar a quien pierda, lo que pierda, quien abandone mi vida, la vida de quien yo abandone, nunca renunciaré mí.

Si prestas atención, cuando la vida parece desmoronarse de esta manera, realmente podrás sentir y percibir la energía del cambio, a veces, es el cambio real que has estado demandando por mucho tiempo. Así es como se sintió para mí mientras veía como mi vida se caía a pedazos frente a mis ojos, convirtiéndose en líquido y alimentando a la tierra. Pero aún con todo el estira y afloja emocional, sabía que nada se metía con la energía de ¡Lo quiero! Y no lo habría cambiado.

En estas situaciones, me he dado cuenta que lo mejor por hacer es simplemente jugar con eso, jugar con la energía y conducir la máquina de pinball hacia la expansión y la luz.

Muchas veces, nos rendimos justo antes de que la magia llegue.

Porque, y aquí está la clave......

¿Qué tal si efectivamente las cosas están "cayendo", pero en su lugar?

La energía de ¡Lo quiero! puede aparentar que todo está desbaratándose y cayendo en pedazos, pero ¿qué tal si todo está realmente cayendo en el lugar correcto, armándose?

Ciertamente, este es el momento donde puedes tomar la decisión práctica y renunciar a lo que realmente demandas y deseas. O puedes decir, "No, yo puedo crear esto, yo quiero esto, yo estoy colaborando con el universo, eligiéndome a mí, comprometiendo conmigo y creando una vida que se está armando, pieza por pieza.

Debes saber que el universo conspira para bendecirte, cuando tú eres tú demanda, aun cuando la apariencia de las cosas cambie.

Si observas en la naturaleza, verás que este es el orden natural. ¿Qué pasa después de un incendio en los bosques? Nueva vida comienza a respirar y a crecer.

En la creatividad, siempre hay un punto de quiebre, uno que te mueve hacia un espacio expansivo de elección y creación. Es algo muy similar a la práctica china del Feng Shui, donde conscientemente mueves cosas alrededor y reacomodas para crear un ambiente más armonioso y próspero, la energía del ¡Lo quiero! es el movimiento de tus moléculas para integrar en ti, la demanda de sentirte radicalmente vivo más allá de lo que te hayas permitido hasta el momento.

TODO ES ELECCIÓN -TÚ ELECCIÓN

Siendo la fuerza generadora, la energía de ¡Lo quiero! es lo opuesto a esperar. Esperar a que las cosas se "desenvuelvan", esperar por esa "señal" o por cualquier cosa que estés esperando sea obvia, es una excusa. Es ponerte a ti mismo en una posición de espera prolongada

Yo le pregunto a las personas "¿no has esperado lo suficiente para ser la demanda de tu vida? ¿Qué tal si tú eres la energía por la que has estado esperando?"

¿Te das cuenta de que puedes ser tu demanda aun cuando te juntes con otros? Eso es lo que he creado con mi equipo en las oficinas de Live Your ROAR LLC.

Todos se han convertido en el catalizador para ir más allá del abuso y sentirse radicalmente vivos. Nadie viaja bajo mi sombra.

Todos le preguntamos al negocio lo que desea, o qué quisiera tener y luego nos ocupamos en crear eso. Vivimos siendo la demanda y el universo nos bendice con nuestras peticiones.

Si eres alguien que tiene la energía de ¡Lo quiero! Cueste lo que cueste, entonces el estar rodeado de personas "esperando", puede presentar un reto para ti, como mínimo. Por ejemplo, vamos a decir que eres el propietario de un pequeño negocio y tienes un empleado que batalla con temas alrededor de recibir dinero.

Obviamente, tú con seguridad no eras consciente de esto al momento de contratarlo, y lo colocaste en una posición donde está a cargo del dinero. Más adelante, cuando le preguntas acerca del estado de algunos pagos, sólo recibes excusas o te dice cosas como: "Sí, hablé con el cliente y me dijeron que ya pagaron", aun cuando tu banco ya te informó que el pago fue rechazado. Sin importar para dónde te muevas, esto sucede una y otra vez.

Lo que está sucediendo es que como esta persona se rehúsa a recibir dinero, inconscientemente bloquea el recibir dinero como si él fuera el negocio. En efecto, esto crea un "juego de esperar" para recibir dinero y puede destruir negocios y relaciones.

Cuando se trata de dinero, recibir y cobrar demanda un poder personal de elegir lo que deseas, mucho más allá de lo que tienes. En otras palabras, demanda la energía de ¡Lo quiero! Cueste lo que cueste.

Ser la energía generadora de ¡Lo quiero! es un espacio sin contención, es ir hacia adelante sin freno y crear. Sin importar donde estés o donde deseas estar, el proceso creativo es siempre el mismo y puedes asumir que, cuando está lo suficientemente cerca para saborearlo, las cosas comienzan a calentarse, implosionan o se derrumban.

Es en este preciso momento, que tienes que soltar y meterte de lleno en la energía de ¡Lo quiero!, para que todo caiga y se alineé con el universo y tu elección. Esto hace que ahora todo sea acerca de ti y de tu voluntad de abrirte a la grandeza de esta realidad, que está aquí, para colaborar contigo y bendecirte.

Sin embargo....hay una trampa

Tu voluntad de abrirte a todo este apoyo para tu bien, presupone la habilidad para realmente recibir, y he encontrado que ahí es donde las personas que han sido abusadas, frecuentemente enfrentan problemas. Francamente, no lo hacen del todo bien.

Así que vamos a seguir y descubrir qué hace falta para convertirse en un "receptor abierto"

CUATRO

·····················

Bondad, el caudaloso río que fluye dentro de ti.

"La Bondad constante puede lograr mucho. Así como el sol hace que el hielo se derrita, la bondad causa que los malentendidos, la desconfianza y la hostilidad se evaporen."

Albert Schweitzer

Tu naciste para ser bueno y no es algo que estoy inventando.

De acuerdo con una entrevista en Scientific American llamada, "Olvídate de la supervivencia del más apto: Es la bondad la que cuenta", la bondad está integrada en nuestro cerebro.

No todos tienden a ella, pero está ahí como un regalo innato.

Mi intención en este capítulo, es darle luz en una forma que no habías considerado, porque de verdad, la bondad es mucho más que una buena idea, o algo que haces para ser "lindo".

Es realmente una fuerza, un poder que, como Albert Schweitzer tan elegantemente dijo, "causa que los malentendidos, la desconfianza y la hostilidad se evaporen."

Y si has tenido cualquier forma de abuso en tu vida, pasado o presente, vas a querer saber acerca de este amigo interno.

Personalmente, no hice amistad con ella hasta que estaba en mis 20s, justo después de que mi profesora de Violencia Familiar me mostró lo que era la bondad, acercándose a mí y preguntándome si estaba bien. Ella se dio cuenta de mi lenguaje corporal, formado a través de dos décadas de abuso, trauma y juicio, con los que yo había vivido mientras crecía. Mis hombros estaban levantados casi hasta mis orejas, en un esfuerzo de protegerme de las golpizas que me daban física, verbal y energéticamente.

Tenía también, otra clase de comportamientos provenientes del abuso sexual que sufrí como modelo cuando niña. Al menos, esos eran obvios para los ojos entrenados de un profesional. Estos patrones de abuso estaban interiorizados en muchos niveles, tanto en mi postura y forma de caminar, así como en la manera de comunicarme conmigo misma y con otros.

Hoy me refiero a esto como "somática del trauma," esos modos de ser que se solidifican como parte de nuestra estructura física y energética, que se integran y se encierran en nuestra estructura celular y molecular.

Duro, ¿verdad? Como una fortaleza inaccesible.

Pero aun cuando sea una fortaleza, la buena noticia es que la bondad, es la maquinaria que puede derribarla.

LA FORTALEZA DEL JUICIO

He aquí algo acerca del juicio...

Ha existido por mucho, mucho tiempo, miles y miles de años. Los humanos lo han perfeccionado como una "habilidad." Pero eso no es lo peor. El juicio está tejido dentro de la composición de nuestro ADN. Lo heredamos al nacer, de nuestro linaje generacional y de la conciencia colectiva. Y así, generación tras generación, hasta que alguien rompe el ciclo. Es ese "pecado del padre" del que nos hablan.

Entonces ¿Qué se necesita para romper el ciclo?

Excelente pregunta....

Pero antes de responder, vamos a ver qué es lo que el juicio perpetúa en tu vida si no lo rompes.

- El juicio te mantiene mintiéndote a ti mismo y te encierra nuevamente en la "jaula invisible del abuso," que hace que permanezcas alejado de ti, separado de otros, lejos de vivir y ciertamente de crear la vida que deseas.

- El juicio es una forma de constricción y de limitación, un artefacto de auto destrucción y una forma penetrante de auto abuso. Es lo opuesto a la expansión, te mantiene pequeño y batallando, siendo víctima y sin poder, blindado y adormecido. Como resultado, dejas de crear y generar lejos de la jaula; en su lugar, te perpetras a ti mismo y mantienes el ciclo del abuso andando.

- Cuando te juzgas a ti mismo, te conviertes en tu carcelero eterno y te enganchas más sobre lo que está mal en ti. El juicio te regresa a la comodidad de lo que conoces ("Lo malo" que eres) y te garantiza que nunca serás capaz de ser más de lo que eres ahora. Este, solidi ca la jaula invisible del abuso.

- Cuando juzgas a otros, en realidad te estás defendiendo, desconectando, negando y disociando de lo que no estás dispuesto a ver acerca de ti. Yo llamo esto las 4 Ds. Por diseño, esto te separa y te aísla, lo opuesto a la unicidad y al pertenecer.

- El juicio es realmente algo que yo llamo "recibir siendo forzado" porque, en esencia, te estás forzando a ti mismo a recibir los juicios de alguien más, particularmente donde has sido abusado y has tenido que recibir algo que no querías, que fuiste forzado a tener. Como resultado, desarrollas púas losas, como las de un puercoespín, que pueden y van a repeler a las personas para que no se acerquen.

Los juicios son resistencias a la realidad, que usamos para protegernos a nosotros mismos. Muchos de ellos los hemos aprendido desde niños porque los vimos o los oímos, o porque los decidimos en reacción a algo que nos sucedió. Estás decisiones se convirtieron después en hábitos de pensamiento, los lentes a través de los que vemos y vivimos en un piloto automático por el resto del vuelo.

El problema es que, al continuar usándolos en nuestros encuentros diarios en la vida, cortamos cualquier posibilidad de lo que de otra forma pudiéramos ser, hacer o tener.

Y es para este fin, aclarar y transformar esos juicios para poder vivir una vida libre y feliz, a lo que he dedicado la mayoría de mi carrera y mi práctica de sanación.

De hecho, tengo un nombre para ello.

Lo llamo Viviendo tu "ROAR" (por sus siglas en inglés), una Realidad Radicalmente Orgásmica y Viva.

¿Cómo puede mejorar esto?

TÚ ERES TODA POSIBILIDAD

Tu verdadera naturaleza es: creatividad sin límites, abundancia y expansión.

Pero cuando estás sentado detrás de un escritorio dentro de un cubículo, puede no sentirse así, por que la mejor forma que conozco para realmente apreciar y ser más consciente de este conocimiento, es salir a la naturaleza con más frecuencia.

Ni siquiera tienes que hacer nada....

Te llegará intuitivamente.

Una de las razones por las que estar en la naturaleza es tan poderoso, es que la tierra es el único lugar donde el juicio no puede residir. Es el sitio a donde puedes regresar una y otra vez, a soltar tus juicios y sentir la paz y las posibilidades de expansión. Es realmente un acto de bondad el regalarle tus juicios a la tierra.

Al abonar la tierra con el estiércol de tus juicios, literalmente estás fertilizando una nueva posibilidad para ti mismo y para todos los demás.

¿Cuáles son estás posibilidades?

Por un lado, una vez que te liberas de la jaula del abuso que te mantiene en la historia de víctima, el mundo completo se abre ante ti. Ahí afuera, en el espacio abierto y silvestre, te darás cuenta que tienes otras opciones para cómo vivir y relacionarte contigo mismo y con otros.

Por ejemplo, en mi caso, cuando descubrí quien era yo en realidad, fuera de la chica apagada, miserable y auto destructiva, me di cuenta que era amable, brillante, fenomenal y graciosa.

¿Quién o qué está esperando que lo notes?

Mientras ejercitas nuevas elecciones, tu confianza crece. Los viejos patrones de abuso no tienen ya poder sobre ti. Ahora tú tienes el poder sobre tu abuso y, con eso, el poder de elegir una nueva vida para ti.

Dejas de crear tu vida desde la destrucción, sino desde la elección.

Sé que esto puede parecer complicado porque francamente, tal vez estés más comprometido con la historia de víctima, que con la posibilidad de vivir lejos de eso. Veo esto una y otra vez en las personas que vienen por primera vez a verme. Tal vez te sientas víctima de las circunstancias, como lo hice yo por mucho tiempo, como si no hubiera nada que pudieses hacer para cambiar.

Pero eso, es una mentira. Simple y llano.

LA BONDAD COMO UNA ENERGÍA GENERADORA

Es muy común en los niños que han sido abusados, creer que son malos o que hay algo malo en ellos, pero fue esa conversación con mi profesora de Violencia Familiar en la universidad, y su ayuda, la que me hizo darme cuenta de que yo era valiosa.

Esta maestra fue la primera persona que me preguntó si estaba bien, y este simple acto de bondad me hizo darme cuenta de como yo no estaba nada bien. Con su apoyo, comencé a ver que había algo que podía hacer para superar mi abuso, que podía ir más allá de sólo sobrevivir, e inclusive, algún día florecer.

Fue como si me pasara la llave secreta para liberarme a mí misma de la jaula de mi propio abuso.

Comencé a ver los patrones abusivos y destructivos que estaba perpetuando a través del comportamiento imprudente y me comprometí a elegir diferente. No hice esto por mi sola. Fue a través del apoyo profesional y conversaciones confidenciales, que finalmente fui capaz de soltar la historia de víctima que había estado viviendo por casi tres décadas.

Cuando solté eso, la jaula invisible se comenzó a derrumbar también. Ya no necesitaba las barreras y las paredes que había erigido para protegerme a mí misma, poco a poco me di cuenta de que tuve otras opciones sobre como viví y cómo me relacioné conmigo y con otros.

Y todo comenzó con ese simple acto de bondad, que de verdad causó "que se evaporaran los malentendidos, la desconfianza y la hostilidad."

Obviamente no todos los momentos de bondad van a lograr esto. La bondad tiene muchas facetas. Va desde los actos más simples, como una sonrisa que no toma más de un segundo, hasta ofertas de ayuda extravagantes. Puede ser al azar y espontanea, o en respuesta a las necesidades de alguien.

A decir verdad, tal vez este planteamiento se sienta más natural que cualquier otro porque como dije al principio, la bondad ya está en ti.

No tienes que ir lejos para encontrarla, aunque cuando estás encerrado en el juicio, parece imposible de accesar. Así que, si te está costando trabajo ser bondadoso, comienza a buscar en tu entorno por los juicios subyacentes que bloquean tu visión.

Una forma de lograr esto, es haciendo preguntas como estas:

- "¿Estoy en juicio o bondad con respecto a?", relación con el dinero, relaciones personales, tu cuerpo o algo más.
- "¿Esto se siente expansivo o restrictivo?"
- "¿Esto se siente ligero o pesado?"

Al comprometerte contigo y aceptar la bondad en ti, para ti y para otros, un nuevo espacio de energía y consciencia puede mostrarse, un lugar de recibir que es a la vez vibrante, vivo, potente, jugoso y completamente delicioso para ti.

La bondad abre paso a una vitalidad que sólo requiere cuatro cosas, que yo llamo las 4 Es (por sus siglas en inglés):

1. Acoger lo que es verdadero para ti.
2. Examinar lo que estás observando.
3. Expandirte hacia una nueva posibilidad, consciencia y bondad.
4. Personificar el cambio y la verdad de ti.

En un sentido real, aprender sobre la bondad es como aprender un nuevo lenguaje. En mi propio caso, no era un lenguaje con el que estuviera familiarizada. NO era mi "primer" lenguaje, el que escuché y hablé en mi hogar. Y me tomó mucha practica el no sólo aprenderlo, sino hablarlo con fluidez.

Y, como un lenguaje, es una energía generadora y creativa, exactamente lo que se necesita para crear una nueva vida, llena con la energía de expansión.

Lo bello de esto, es que al dejar ir los juicios y emplear el poder de la bondad y la gentileza, puedes disolver todas las formas de maltrato que has experimentado y dejar ir la necesidad de protegerte a ti mismo.

Finalmente puedes cortar las púas y estar abierto a recibir una vida abundante, para de verdad ser el regalo que eres para ti y para el mundo. En este lugar sin barreras, descubrirás ese espacio vulnerable y suave...que alguna vez fue sagrado y seguro.

Es aquí donde la energía de recibir fluye libre y fácilmente como un gran río.

Sólo necesitas elegirla, pararte en ella y dejar que se mueva en su caudaloso camino. Es tuya simplemente por elegirla.

En el siguiente capítulo, vamos a hablar más acerca de recibir y específicamente de la "Recibir siendo Seducido"

CINCO

Recibir siendo seducido a Ser, el Regalo que en Verdad Eres

De ahí en adelante, me di cuenta de que esto es lo que quiero hacer, lo que se supone que haga: Dar energía y recibirla de vuelta a través del aplauso. Me encanta. Ese es mi mundo. Me encanta. Lo disfruto, Vivo por él.

Erykah Badu

Con suerte, ya para ahora, comienzas a sentir que estás aquí para vivir una vida mucho más grandiosa de lo que habías imaginado hasta hoy.

Cueste lo que cueste

Y tal vez tu "costo", como el mío, es superar décadas de abuso y sentirte radicalmente vivo. Si yo pude crear una vida más allá de mis sueños, sé que tú también puedes hacerlo. De hecho, sé que esto es posible para todos mis clientes

Si has sufrido de abuso o no, las posibilidades son, que si estás leyendo este libro, hay algo en tu vida que se siente como una trampa, una jaula, algún tipo de bloqueo a la posibilidad de recibir.

La buena noticia es que la llave para abrir la prisión de no recibirte, reside dentro de ti.

¿QUÉ ES RECIBIR?

Recibir es una acción que tu llevas a cabo donde no hay barreras hacia nadie y hacia nada. Es un espacio de vulnerabilidad, de apertura y de unicidad con todo. Recibir no tiene fronteras u obligaciones. No es algo forzado o que se demanda, ¡es simplemente una forma de ser el espacio de ti, en la energía de ti, como la consciencia de ti!

Para ser la energía, espacio y consciencia de ti, sólo necesitas imaginar que eres tan grande como el universo y la tierra. En esa inmensidad, tú eres todo y nada al mismo tiempo. Tú eres una parte del todo porque literalmente hay una comunión molecular que existe e incluye la conciencia con todo, para todo y acerca de todo.

Esta energía que llamo "recibir" te da poder total, elección total, consciencia total, fuerza total desde la vulnerabilidad contenida dentro de la voluntad de ser el más grande tú, que pueda existir.

¿Cómo sería el mundo si todos viviéramos como este espacio de energía?

Desafortunadamente, la energía de recibir en este planeta ha sido tapada por guerras, conflicto, abuso y terror, algo que no es la energía de recibir en absoluto. Recibir crea; el abuso destruye. Recibir genera; las guerras destruyen. Recibir produce comunión; los conflictos forman separaciones. Recibir construye sustentabilidad; el terror extingue la elección. Elegir es recibir.

Recibir es elegir más allá de la forma y la estructura de esta realidad.

Recibir es entonces, la mayor arma que todos tenemos para abolir formas de ser que están pasadas de moda, simplemente siendo la energía de total tolerancia.

¿QUÉ ES LA ENERGÍA DE RECIBIR?

Recibir es la energía que se requiere para vivir la vida que deseas. Es también la energía que tal vez estás bloqueando si experimentaste alguna forma de abuso.

¿Cómo sabes si estás bloqueando la energía de recibir?

- Anhelas la comunión, pero te sientes atorado en relaciones menos que satisfactorias.
- Deseas éxito en tu carrera, pero te has estancado y no entiendes porque no ganas más.
- Sueñas con una salud vibrante, pero luchas con una condición crónica.

En mi propio proceso de sanación, he descubierto que hay una conexión directa entre el abuso y la tendencia a bloquear el recibir. Aunque, hay maneras de desbloquear la energía de recibir en tu vida. Abajo enlisté cinco pasos que pueden ayudarte:

5 PASOS PARA DESBLOQUEAR LA ENERGÍA DE RECIBIR

Paso 1: Reconoce al Puercoespín Invisible.

¿Qué tan seguido te pones a la defensiva cuando alguien viene hacia ti? Yo llamo a esto "el puercoespín invisible", por las púas que levantamos para protegernos. Es un fenómeno que conozco bien, tanto en mí como en clientes con los que he trabajado en las últimas dos décadas.

¿Sabes de dónde vienen estas púas? De tu abuso pasado. Había una vez un mundo que no era seguro para ti, así que creaste estas púas como la mejor forma de protección. Estas púas hicieron bien su trabajo en su momento; pero ahora, ya están pasadas de moda.

¿Cuántas cosas estas alejando de tu vida con estas púas?

Así como cuando esperabas que esas púas mantuvieran alejado a tu abusador, ellas ahora mantienen el amor, el dinero, los clientes y todo lo demás a una distancia "segura." Una distancia segura bloquea el recibir porque siempre estás alerta, esperando una catástrofe.

¿Es tiempo de actualizar tu disco duro?

El primer paso para desbloquear tú mismo, la energía de recibir, es reconocer que has sido un puercoespín invisible armado con púas y listo para defenderte 24/7, personificando una postura auto defensiva para atacar todo el tiempo.

Paso 2: Descarta las historias que bloquean el Recibir.

Cuando experimentaste abuso, fuiste forzado a "recibir" algo que no deseabas recibir. En ese momento, creaste una historia de que no es seguro recibir en ninguna forma ¿Amor? ¿Dinero? ¿Salud? Todo se convierte en algo peligroso.

Para mí, recibir significaba recibir juicio. Significaba hacer lo que mi mamá decía para no ser golpeada. Significaba ser y vivir las realidades de otras personas con un deseo desesperado de obtener apoyo y amor (que nunca tuve, excepto en forma de dinero, objetos y abuso).

¿Qué significa recibir para ti?

¿Qué historias te has contado a ti mismo acerca de recibir que mantiene las púas en su sitio? ¿Estás dispuesto a dejar ir esas historias?

¿Qué o quién has mal identificado o mal interpretado como recibir, que en realidad significa defenderse?

Paso 3: Reconocer que las púas lastiman por ambos lados.

Así como las púas del puercoespín invisible apuntan hacia afuera y mantienen todo en la vida (amor, dinero, salud, etc.) a una distancia "segura, también apuntan hacia adentro y evitan que vayas hacia adelante en tu propia vida.

En algún punto, tal vez hace mucho tiempo, aprendiste que no era "seguro" mostrarte. En un intento de escapar de tu abuso, o contarle a alguien sobre tu abuso, tal vez te desconectaste o disociaste.

Como haya sido, te alejaste de ti tratando de mantenerte a salvo.

Así que te mantienes lastimándote con tus propias púas en la forma de juicios e historias, de que no es seguro ser visto u oído.

¿Sabes que es lo más doloroso de todo esto? Que estás viviendo tu vida a una distancia "segura" de ti mismo y nunca recibiendo completamente la belleza y el potencial de ser tú.

Nunca llegas a recibirte a ti.

Y francamente, tal vez no tienes ni un poco de conocimiento de quién eres, quien realmente eres, porque siempre has sido las púas y nunca has permitido que tu verdadero Yo surja.

Esta es la verdadera epidemia del abuso dada esta realidad: Nosotros, divorciándonos de nosotros mismos.

Así como en los pasos 1 y 2, necesitas reconocer que las púas también te lastiman, y dejar ir las historias que has fabricado acerca de lo que significa dar la cara en tu vida propia, y el modo de hacer esto, es a través del perdón y la aceptación. Estas son las llaves para este paso y no son para cualquiera sino para ti.

Perdonar y aceptarte a ti mismo, es el mayor acto de bondad que puedes recibir para ti.

Paso 4: Libera el Recibir siendo Forzado

Como mencionamos en el paso 2, cuando experimentaste abuso fuiste forzado a "recibir" algo que no deseabas. Esto se llama "Recibir siendo Forzado"

¿Cómo impactan estas experiencias pasadas, la forma en que das a otros hoy?

¿Te has librado de recibir siendo forzado, o estás en efecto repitiendo el ciclo? El recibir siendo forzado te prepara para ser rechazado una y otra vez. Es lo que te mantiene lejos de la verdadera comunión en cada aspecto de tu vida.

¿Cómo sabes si estás atrapado en el ciclo de "recibir siendo forzado"?

Cuando piensas que sabes lo que es mejor para otros: "Ten, come esto" "Haz esto" "Toma esto." Le das a otros lo que piensas que deben tener, en lugar de lo que ellos están pidiendo.

Esencialmente, estás viviendo como superior a todos e inconsciente acerca de todo. Sólo porque puedes hacer cosas por/ para otros, no significa que realmente lo quieran. El forzar a alguien a recibir lo que tú piensas que es lo mejor para ellos, sugiere que tú sabes más y eres más listo y más consciente, lo que los devalúa completamente. Es una falta de respeto total a su ser.

Así que deja de forzar tu voluntad en los demás, y permíteles que sean quienes son y recíbelos por lo que son, sin ningún punto de vista. La simple curiosidad acerca de otro, te llevará lejos para crear relaciones desde el recibir y el permitir.

Así que, ¿cómo moverte más allá de "recibir siendo forzado" hacia otra posibilidad?

Paso 5: Acoge el Recibir siendo Seducido

Todo comienza al hacer consciencia. Una vez que te das cuenta cómo estás usando el "recibir siendo forzado", puedes elegir algo más.

¿Porqué no probar el "recibir siendo seducido"?

Lo admito, la palabra seducción puede sonar un poco peligrosa para ti, particularmente si experimentaste abuso como resultado de haber sido o haber hecho algo, que "sedujo" a otra persona para forzarte a hacer algo que no querías.

Como recordatorio, al igual que en el paso 2, aquí también puedes elegir descartar las historias que te apartan de recibir.

¿Qué tal si hay una forma "segura" de ser seducido?

¿Y qué tal si el "recibir siendo seducido" es esencial para invitar a tu vida todo lo que deseas? Nuestros perpetradores trataron de quitarnos algo a lo que no tenían derecho. El mantener la seducción y una vida orgásmica lejos de ti, mantiene a tus perpetradores bajo su control. Convertirte en el arte de tu propia seducción restaura un espacio de materialización que siempre ha estado dentro de ti, aún antes del abuso. Reclámalo, es tuyo.

Con el "recibir siendo seducido", tú eres la invitación para lo que deseas. Te conviertes en la energía de la posibilidad de una mejor salud, relaciones, dinero y negocios.

¿Qué se necesita para que tu bondad y gentileza fueran tan fuertes para disolver todos los maltratos que has experimentado (y de los cuales continúas tratando de "protegerte" con tus púas)?

Es este lugar de "recibir siendo seducido", donde te conviertes en el regalo que en verdad eres: para ti y para el mundo.

En este sitio de suave vulnerabilidad, te quitas las púas; no hay más barreras. Aquí, la energía de recibir fluye libre y fácilmente. El espacio, la energía y la consciencia de recibir es vibrante, llena de vida, potente, jugosa y simplemente deliciosa.

Es deliciosa porque eres Tú siendo Tú.

Está llena de vida porque tú estás personificando tu energía. Es potente porque tu mayor fortaleza es la bondad.

Es vibrante y jugosa porque estás permitiendo a todo tu ser, regalarse con esta realidad, que cambia a cualquiera y a todas las cosas en ti y alrededor tuyo a nivel molecular.

El "recibir siendo seducido", es la forma más grande de vitalidad de este planeta. Todos la tenemos intrínsecamente y, mientras más la acojas, más te vas a conectar con la energía de expansión, como lo descubrirás en el siguiente capítulo.

SEIS

···········

La Energía de Expansión

La vida personal vivida profundamente, siempre se expande hacia verdades más allá de ella misma.

Anais Nin

Cuando tenía siete años, recuerdo estar mirando por la ventana de mi habitación a la luna con una oración que resonaba en mi corazón. En ese tiempo, ya había experimentado toda clase de abuso físico, sexual, emocional y mental que continuó hasta entrados mis 20s. Y fue a esa temprana edad, que comprometí mi vida a salir de lo que llamo la jaula invisible del abuso, porque sabía que había algo más que esto.

Juré que algún día encontraría una forma más allá de la vida que estaba viviendo. Juré que haría lo que fuera necesario para crear un mundo donde todos los niños pudieran acostarse sobre su almohada en la noche y descansar pacíficamente.

Me tomó años, mucho apoyo y una gran cantidad de valentía practicar el arte de la energía de expansión. He encontrado un camino de prosperidad más allá del abuso sexual en mi infancia y he apoyado a muchas personas en vivir más allá de su propio abuso para crear vidas ilimitadas.

Viajo por el mundo facilitando clases. Tengo un show de radio en Voice America donde llego a miles de oyentes cada semana con mi show "Más allá del abuso, más allá de la terapia, más allá de todo."

Puedes decir con seguridad, que cumplí la promesa a mi niña de 7 años.

Elegí nunca darme por vencida, nunca ceder y siempre ir por lo que fuera infinitamente posible. Y en estos momentos, estoy dedicada a erradicar y eliminar el abuso de este planeta para que más niños y más adultos vivan la existencia empoderada y expansiva que es su derecho de nacimiento.

NO TODO ES ACERCA DEL ABUSO

Para ser claros, no tienes que haber experimentado abuso cuando niño, para encontrarte atrapado en tu propia jaula invisible, una que te mantiene de ser la energía de expansión y grandeza que deseas.

La jaula invisible no conoce género y está más que feliz de apresar a quien sea.

Si has sido capturado en sus garras, probablemente estés listo para escapar y crear el mundo que sabes es posible. Tal vez, como yo, tu también te hiciste una promesa, pero no estás seguro de cómo cumplirla.

Te invito a explorar las maneras en que la "jaula invisible" te ha mantenido separado de tu grandeza para que tú también, te puedas mover más allá de la constricción de la jaula y hacia la personificación de la energía de expansión.

RECONOCIENDO LA ENERGÍA DE EXPANSIÓN

Si eliges hacer este viaje, te ayudará saber qué es lo que estás buscando crear. La energía de expansión es:

- Reconocer tu grandeza y al ser mágico que en verdad eres.

- Vivir una vida divertida, libre, alegre y en estado de Vivacidad Radical.
- Reconocer que siempre hay posibilidades in nitas.
- Pedir y recibir aquello que deseas.
- Experimentar comunión contigo y con otros.
- Regalar al mundo, aquello que es único.
- Elegir crear una vida empoderada, más allá de cualquier límite.

Increíblemente fantástico, ¿no te parece? Imagina el tipo de vida que puedes crear cuando personificas la energía de expansión.

Para poder acoger totalmente y operar desde esta energía poderosa, vamos a ver tres de las mayores limitaciones de la jaula invisible y cómo movernos más allá de ella para personificar la energía de expansión.

DE LA VICTIMIZACIÓN AL EMPODERAMIENTO

Durante mi niñez me volví muy apagada. Nada de lo que hacía marcaba la diferencia: aun así sufría abuso. Crecí creyendo que no había nada que pudiera hacer para escapar del abuso. Yo era su víctima.

Y cargué esta historia de víctima hasta mis años 20s, tomé alcohol, salí de fiesta, consumí drogas y tuve otros comportamientos irresponsables tratando de escapar del dolor de mi abuso pasado. No me cuidaba a mí misma. No sabía aún, qué tan común es para los niños que han sido abusados creer que están mal y son malos.

El viaje más allá de la historia de víctima, me llevó a través de la jaula invisible hacia mí y finalmente fuera de la jaula hacia quien realmente soy. Descubrí quién era en verdad más allá de aquella niña miserable, apagada y auto destructiva. Aprendí que era bondadosa, brillante, fenomenal y graciosa.

También me di cuenta de que tenía otras opciones para cómo vivir y cómo relacionarme conmigo y con los demás. Mientras ejercitaba estas nuevas opciones, crecí más segura.

Me enfrenté directamente a los viejos patrones y confirmé su destrucción. Después elegí crearme una forma de vivir desde lo que es correcto y ligero para mí. Elegí darme a mí misma, la posibilidad de crear algo totalmente diferente y aun así conectado con quien siempre fui a pesar del abuso.

¿Y tú?

¿La historia de víctima controla tu vida? ¿Has estado repitiendo los ciclos de abuso a través de patrones auto destructivos y darte cuenta cómo eso te desempodera?

¿qué tal si pudieras crear tu vida desde la elección, en lugar de la destrucción?

Si has experimentado alguna forma de abuso en tu vida, o maneras en la que te hayan hecho sentir que estabas mal, tal vez estés más comprometido a la historia de "pobrecito de mí", que a la posibilidad de una vida más allá de eso. Puedes sentirte como una víctima de las circunstancias, como lo hice yo por mucho tiempo, como si no hubiera nada que pudieras hacer para cambiarlo. Cada vez que dije que no había nada que hacer para cambiar mi vida, sabía que estaba mintiendo. La elección que tomé se convirtió en la diferencia entre yo y mis sentimientos. Me di cuenta de que no soy mis sentimientos y de que sí soy mis elecciones.

Pero, si eliges, puedes dejar que esto sea una "fase" en tu camino de la jaula invisible a la energía de expansión. ¿Estás listo para dejar ir la historia de la no elección? Si es así, los siguientes pasos pueden ayudar a guiarte:

3 PASOS PARA MOVERSE MÁS ALLÁ DE LA VICTIMIZACIÓN Y HACIA EL EMPODERAMIENTO.

1. Recibe apoyo profesional

Muchas veces las personas con las que compartes tus problemas son aquellas, familia o amigos, que ayudaron a crearlos. Hablar con un profesional acelera tu propio movimiento en el camino para salir de la victimización. El compartir con alguien lo que te gustaría crear y colaborar juntos desde el empoderamiento, con y por tus elecciones, revela muchísimo sobre moverte más allá del abuso. Es un plan a prueba de fallas para sentirte radicalmente vivo. Los sanadores profesionales con los que he trabajado, se convirtieron en aliados en mi proceso de sanación. Ahora me permito ser para otros lo que yo soy para mí. Nunca juzgues el tiempo o el camino que tomes, sólo mantente eligiendo más allá de la constricción de lo que nunca fue tuyo en primer lugar.

2. Comparte tu historia y libera todos tus secretos

Los secretos te mantienen en el rol de víctima. Crean vergüenza y te mantienen desempoderado, atorado en la constricción y la limitación. Por cada secreto, tienes que mantener cerca de 25 razones y justificaciones para que ese secreto se mantenga en su lugar. Esos secretos se convierten en peso muerto y te desilusionan de la autenticidad que deseas. Y extrañamente esos secretos, ni siquiera son tuyos. Pertenecen usualmente a los perpetradores o a los juicios que otros pusieron sobre ti para evitar que fueras Tú. El juicio es una verdadera epidemia en esta realidad, especialmente alrededor del abuso.

3. Elige dejar ir, y moverte más allá, de la "historia de víctima."

Cuando dejas ir tu historia y te alejas de ella, comienzas a adentrarte en la magia que realmente eres. Descubres la energía de expansión que está disponible para ti más allá de la jaula. Hay una especie de arte en el dejar ir de tu historia y es tomar la elección de crear lo que en verdad quieres ser y hacer. El abuso se "siente" como si nunca hubieses tenido elección. Es verdad que en ese momento no la tenías, pero en los años siguientes, sí la hubo, en cada segundo de cada día. Yo decidí que mi historia fuera lo que yo creo ahora y no lo que había creado, basado en lo que ocurrió hace algunos años.

Mientras te alejas de tu vieja historia, comenzarás a experimentar la energía de expansión: libertad, gozo y de tu propia grandeza. Comenzarás a ver más posibilidades para ti mismo y para tu vida, y descubrirás nuevas fuentes de tu propio potencial en lugares sorprendentes. Esto despertará en ti el reconocimiento de que siempre has sido tú, más allá del abuso y antes del abuso. El abuso nunca tiene que definirte pues tú eres mucho más y siempre lo serás.

DE LA ARMADURA A LA VULNERABILIDAD

Cuando mi mamá me insultaba y me decía cosas, yo no lloraba o le dejaba ver lo enojada que estaba. Sólo hacía lo que se me pedía, lo superaba y me iba a mi habitación a esconder. Cuando me golpeaba, yo me hacia la fuerte y aguantaba. Sabía que no debía llorar porque eso provocaba que me pegara más fuerte. Sabía que si aguantaba y me ponía mi armadura invisible para no llorar, terminaría más rápido.

Crecí creyendo que estaría más segura si era ruda. Desarrollé una armadura realmente gruesa para proteger mi suavidad interior. De este modo mis abusadores sólo llegarían hasta mi armadura, y nunca a mí totalmente.

Como les conté en un capítulo anterior, yo llamo este tipo de comportamiento "el fenómeno de acorazar al puercoespín invisible." Es tan importante entender que yo dedique dos shows de radio completos a este tema (puedes encontrar las grabaciones en inglés gratuitamente en mi sitio web www.DrLisaCooney.com) Justo como un puercoespín se defiende a si mismo con sus púas filosas, tú, tal vez estés portando una armadura hecha de púas invisibles. Fue la mejor opción que se te pudo ocurrir para protegerte de un mundo que no parece seguro.

Pero ¿qué tan expansivo puedes ser cuando estás constantemente a la defensiva?

Así como tenías la esperanza de que las púas iban a mantener alejado a tu agresor, ellas ahora mantienen tus relaciones, el dinero, los clientes y todo lo demás, a una distancia "segura."

Estas púas te bloquean de recibir la vida que deseas, porque recibir cualquier cosa, se siente peligroso.

¿Cuántas cosas estas alejando de tu vida con estas púas?

Así como las púas del puercoespín invisible apuntan hacia afuera y mantienen todo en la vida (amor, dinero, salud, etc.) a una distancia "segura", también apuntan hacia adentro y evitan que vayas hacia adelante en tu propia vida.

En algún punto, tal vez hace mucho tiempo, aprendiste que no era "seguro" mostrarte. En tus intentos de escapar del abuso, o decirle a alguien acerca de ello, puedes haberte desconectado o disociado. Como haya sido, te alejaste de ti mismo para tratar de mantenerte a salvo. Así que te mantienes pinchándote con tus propias púas en la forma de juicios y una historia de que no es seguro ser Tú. Te mantienes a ti mismo chiquito, tal vez invisible, para tratar de escapar cualquier daño que percibieras pudiese estar ahí.

¿Quieres saber qué es lo más doloroso de todo esto?

Que estás viviendo tu vida "acorazado y seguro", lejos de ti mismo, nunca recibiendo totalmente tu belleza y potencial. Nunca experimentado la fuerza de tu vulnerabilidad.

Vulnerabilidad es ser tú sin la armadura, sin las defensas. El relacionarme con terapeutas, sanadores, parejas y finalmente conmigo misma, me ayudó a confiar en que podía estar "segura" al quitarme la armadura. Con el paso del tiempo, por fin me deshice de mis púas tanto internas como externas.

Y mientras mis púas se disolvían, descubrí un nuevo nivel de vulnerabilidad que me sirvió en una capacidad superior.

En este espacio suave y abierto, experimenté la comunión conmigo misma y con otros, como nunca antes lo había hecho. Fui capaz de pedir y recibir lo que realmente deseaba. Y me sentí más viva que antes, porque finalmente estaba recibiéndome a mí misma y a mi vida en su totalidad.

Descubrí que hay un potencial en la vulnerabilidad, que se ve y siente totalmente diferente a la fuerza de "acorazarse." De hecho, este potencial es la mejor "protección" que pudieses requerir jamás.

Pero cuidado....

Cuando la armadura se ha ido te puedes sentir un poco "desnudo" o expuesto, y esto es completamente normal. Nada está mal. Es sólo tu suave espacio interior mostrándose a una vida de comunión contigo mismo, lejos de la armadura.

Todavía hay un dominante aspecto final de la jaula invisible, que te bloqueará de la energía de expansión, a menos que aprendas a como moverte lejos de él.

DEL JUICIO A LA BONDAD

El juicio es lo opuesto a la expansión. Es una forma de constricción y limitación, así como una forma penetrante de auto abuso.

Cuando juzgas a otros, en realidad te estás defendiendo, desconectando, negando y disociando de aquello que no estás dispuesto a ver acerca de ti. El juicio te mantiene mintiéndote a ti mismo y te encierra nuevamente en la jaula invisible del abuso, por lo que permaneces bloqueado, lejos de otros, de vivir y sobre todo, de crear la vida que deseas.

Cuando te juzgas a ti mismo, te conviertes en tu carcelero eterno y te encierras mucho más en lo que está mal en ti. El juicio te regresa a la comodidad de lo que conoces (lo "malo" que eres) y garantiza que nunca vas a tener más de lo que eres ahora. Este, solidifica la jaula invisible del abuso.

El juicio te mantiene pequeño y en sufrimiento, como víctima y sin poder, acorazado e insensible. Como resultado, dejas de generar y crear más allá de la jaula; y en su lugar, te lastimas a ti mismo y mantienes el ciclo del abuso en pie.

¿Cómo puede ser esto un acto de bondad haca ti o hacia los demás?

La única manera de ir más allá de la jaula y estar en la energía de expansión es trascender el juicio, y hay seis pasos que pueden ayudarte.

6 Pasos para Acceder al Espacio del No Juicio

1. Siéntate en un lugar tranquilo, cierra los ojos y toma varias respiraciones profundas.
2. Expande tu energía hacia la tierra.
3. Ofrece tus juicios a la tierra como una contribución.
4. Ábrete a recibir la contribución que la tierra puede ser para ti.
5. Trae tu energía de vuelta hacia ti, sin tus juicios.
6. Pon atención a lo que percibes.

La tierra es el único lugar donde el juicio no puede residir. Es el sitio a donde puedes volver una y otra vez a soltar tus juicios y sentir la paz y las posibilidades de expansión. Regalándole ese estiércol de juicios a la tierra, fertilizas una nueva posibilidad para ti y para todos los demás.

En el espacio de no juicio está la bondad. La bondad es la verdad de lo que eres y lo que siempre has sido.

La bondad es una energía generadora. He descubierto después de viajar por el mundo y trabajar con miles de personas, que la bondad es lo que se requiere para ir más allá del juicio, más allá del abuso y más allá de la limitación.

Esta energía generadora es lo que crea una nueva vida llena de expansión.

Como un ejercicio, toma un momento para imaginar....

- ¿Qué ocurriría en 50 años si este planeta eligiera la bondad?
- ¿Qué ocurriría si dejaras ir la historia de víctima y eligieses el camino del empoderamiento?
- ¿Qué ocurriría si soltaras la armadura y eligieses el potencial de la vulnerabilidad?
- ¿Desaparecerían las enfermedades?
- ¿Se acabarían los conictos?

- ¿Serías Feliz?
- ¿Cómo te abriría la energía de expansión, a un mundo de nuevas posibilidades?

Hay una vida más allá del abuso... más allá de la jaula que te mantiene pequeño e impotente.

No tienes que ser joven como yo lo fui a los siete años mirando a la luna, soñando con una vida más allá del abuso, para comenzar a usar la tracción de la energía de expansión. Funciona para todos sin importar donde estés.

Todo lo que se requiere es que elijas jugar con ella, y eso es de lo que trata el siguiente capítulo.

SIETE

·············

Jugando con lo Ligero

Cada día, tú juegas con la luz del Universo.

Pablo Neruda

La vida puede ser mucho más simple, y muchos más divertida, de lo que muchos de nosotros la hacemos parecer.

Es tan simple que, en su mayoría, mis 25 años de trabajo en terapias energéticas y no tradicionales se reducen a un sólo tema: encontrar lo que no está funcionando para las personas, empoderar una mejor elección, contribuir con la actualización de su deseo y generar múltiples posibilidades de crear su vida deseada.

Cuando soy eso, los resultados son sorprendentes.

Y no es sólo porque están más felices, que sí lo están. Es también que sin importar el "tema", ya sean los medicamentos que están tomando, las enfermedades que tienen, la falta de dinero, o algo más, también eso desaparece. Puf !!! Como magia.... Y todo lo que se requiere para alcanzar ese resultado, es la voluntad de elegir por ti mismo y demandar jugar con la energía de expansión en tu vida. Entonces ¿Porqué no hay más personas haciéndolo?

Esa es una muy Buena pregunta....

Lo que he encontrado en mi trabajo, es que a la mayoría de las personas con historia de abuso, les cuesta trabajo jugar, divertirse y dejar ir. No es que ellos no tengan la habilidad, todos la tenemos, es que el jugar, en sus mentes, ha estado asociado con algo totalmente diferente y "malo."

Por ejemplo, algunas veces el jugar se convirtió en actividad sexual donde algo se sentía mal pero placentero al mismo tiempo. Es confuso porque no hay una seguridad de que lo que haces este mal, este bien, o qué. En este escenario, el jugar se asocia con vergüenza sexual, un sentido de maldad que dice, "yo no debería estar haciendo esto," ni nada parecido, diversión, relajación, soltura, se equipara a sentirse fuera de control, similar a lo que sentías cuando eras abusado.

Cuando juegas de verdad, te metes a una actividad por diversión y recreación, invitando algo nuevo a existir a través de la imaginación, acción, posibilidad, generación y creación.

Con el abuso, el jugar cambia. Se convierte en serio y práctico, todo es acerca de "qué va a pasar", lo que después limita, cortando la libertad y la consciencia para sólo retozar, como un niño corriendo libre por todos lados.

Cuando eres un niño, no tienes pensamientos que te mortifiquen y no piensas que algo malo vaya a pasar otra vez.

Pocas cosas son más divertidas que el elemento de lo desconocido, la anticipación, la sorpresa. Qué niño no ha preguntado con ansías "¿Me trajiste una sorpresa?" y ha aplaudido con placer y expectación. Por otro lado, para alguien con un pasado de abuso, la sorpresa es lo último que desean experimentar.

La hipervigilancia se convierte en la palabra clave. Y cuidarte las espaldas, se vuelve un juego de supervivencia.

EL "BARÓN LADRÓN" DEL JUEGO

Con el abuso, te bloqueas teniendo que sostener tu cuerpo de cierta forma, restringiéndote de cierta forma, haciendo cosas de cierta forma para no encontrarte con el abuso nuevamente. Estás en la energía de la conclusión, la decisión, el juicio y la restricción.

Como un severo caso de artritis, te vuelves tan rígido que te sacas a ti mismo de la creatividad, la generación y la fluidez. Estás atorado en lo que yo llamo la jaula invisible del abuso, la cual describo completamente en mi próximo libro "Pateando al abuso en el trasero".

En esta jaula auto impuesta, no puedes tener diversión, porque siempre estás esperando la siguiente catástrofe. Navegar la vida, es como balsear en unos rápidos. En este estado sólo te preguntas: "¿Porqué me pasa esto a mí? Todo es una lucha. Nada me funciona, no importa que tan duro trate. ¿Por qué es todo tan difícil?"

La respuesta es, que esencialmente, estás encerrado en los cuatro "pilares," o las cuatro Ds (por sus siglas en inglés), introducidas en el Capítulo Tres, que forman la jaula invisible: Disociación, Negación, Defensa y Desconexión.

En este punto en la vida, hasta las actividades creativas más simples como el senderismo, pueden resultar "prohibidas" porque estás demasiado alerta de un mundo que se ha convertido en un lugar peligroso.

Constantemente en guardia, consciente de que en cualquier momento tu seguridad o confort puede ser interrumpido, esto se expande a otros aspectos de tu ser. Está en todos lados, en tu cuerpo, relaciones, dinero, "sexual-ness" (la energía de recibir), contrayendo y limitando en lugar de expandirse hacia una nueva posibilidad.

Desde el punto de vista de la salud, la rigidez en tu cuerpo puede tener serias repercusiones. Sin una circulación libre y fluida en tu cuerpo, se pueden formar bloqueos, literalmente restringiendo el flujo sanguíneo, privando a tus órganos de oxígeno y otros elementos vitales que tu cuerpo requiere para funcionar sin esfuerzo. Al paso del tiempo, esto puede deteriorarse en condiciones crónicas o posiblemente desordenes adrenales o endócrinos fácilmente. Evidentemente, me sucedió a mí.

Con las relaciones, puedes tender a elegir personas que son más indicativas del bloqueo presente y atrapado en tu cuerpo, porque eso es lo que conoces, o piensas, deben ser las relaciones. Eliges energéticamente a personas, consciente o inconscientemente, que te limitan en lugar de aquellas que crean posibilidades para ti.

Incluso tus ingresos y potencial de ganar dinero están en riesgo por tu necesidad de ir a la segura. Un ejemplo sería, tomar un trabajo que no te gusta realmente pero que te da un salario con el que puedes contar, aunque odies ir cada día. ¿Dónde está la diversión en esa elección?

Es como vivir en reversa, en contra de la energía, en lugar de ir hacia adelante con la posibilidad. La vida se convierte en "¿Qué tan seguro estoy? en lugar de ¡Que increíble!, ¿Qué más puedo crear?"

El juego y la creatividad están impulsadas por la imaginación, por una mente que está abierta y cuestionando, por un espacio relajado y la posibilidad de que ocurra algo generador y expansivo. Estas son algunas cosas que suceden cuando tu mente está cautiva en la jaula invisible del abuso:

- Alta necesidad por la estructura
- Control
- Estar preparado para todo
- Necesidad de saber todo
- Tímido y solitario
- Orientado a la conclusión
- Conformista
- Desconfianza a lo que no conoces
- No estás seguro
- Consciencia hiper vigilante

Tus fuerzas creativas se mantienen fluyendo cuando conectas con la energética molecular del conocimiento libre de la posibilidad pura, donde todo es posible y la comunión es la fuente de la creación.

En el juego hay muchas cosas desconocidas, así que ¿Cómo puede mejorar esto? Puedes crear todo y cualquier cosa que desees.

Pero si experimentaste alguna forma de abuso, lo "desconocido", puede desatar miedo y destruir la creación.

VIVACIDAD RADICAL Y ORGÁSMICA

¿Alguna vez has notado el tiempo que los niños pueden estar haciendo algo? Ellos sólo se mueven de una cosa a la siguiente, mente y cuerpo juntos, completamente presentes en el momento. Eligen su próximo momento basados en lo que es divertido y excitante.

En mi trabajo, me refiero a esto como una Total y Orgásmica Vivacidad Radical, donde todo tu ser está presente en todo lo que estás haciendo. No te estás preocupando por el futuro, por pagar tus cuentas, o por cómo te ves, y ahí hay un gran sentido de juego y diversión, al sólo estar presente.

Con situaciones abusivas, no quieres estar ahí en lo absoluto.

El orgasmo no es sólo acerca del sexo, es acerca de la sensualidad y la personificación del placer.

¿Qué tal si quieres oler una rosa, o comprar rosas para tener bellos colores en tu casa? ¿Y si quieres poner fresas en tu granola y sólo el sabor de esto fuera delicioso y orgásmico?

¡Eso es divertido y orgásmico! Los niños no tienen ideas preconcebidas; ellos no han desarrollado las nociones que nosotros hemos aprendido como adultos, que nos limitan y nos mantienen alejados de personificar el placer totalmente.

Y, si no quieres estar en tu cuerpo, ¿Cómo crees que eso afecta, por decir, a una relación que es sensual y sexual? Es difícil tener una relación sexual deseable y orgásmica cuando estás tan acostumbrado a abandonar tu cuerpo para no sentir lo que tú no querías en primer lugar.

Entonces ¿Qué hacer para devolverte a ti mismo a tu cuerpo... y totalmente al juego?

DOS PASOS HACIA EL JUEGO

Mientras crecías, alguna vez alguien te dijo que te preguntaras ¿Me estoy divirtiendo en este momento? Para la mayoría de los adultos, elegir sólo por diversión es un concepto extraño, ni a elección llega. Si nunca has estado en tu cuerpo, tal vez nunca te has dado a ti mismo la elección de pedir y demandar para ti. ¿Cómo sabrías qué pregunta hacer?

El primer paso para jugar es simplemente hacerse consciente de que algo no está funcionando para ti y darte el permiso de decir: "Realmente no sé qué está pasando aquí, pero algo no se siente bien y elijo hacer un cambio, aún si no sé qué preguntar." Sólo ese simple acto de consciencia te hará presente en ti.

El siguiente paso es hacer preguntas que invoquen la energía del juego, tales como:

- ¿Cuerpo, es esto divertido para mí?
- ¿Me estoy divirtiendo en este momento?
- ¿Estoy aprendiendo algo?
- ¿Está esto expandiendo mi realidad?
- ¿Estoy agradecido?
- ¿Estoy disfrutando lo que soy en este momento?
- ¿Esta persona me está recibiendo?
- ¿Soy capaz de recibir?
- ¿Se siente bien mi cuerpo?
- ¿Qué más es posible aquí?
- ¿Puedo hacer todo lo que se me antoje?
- ¿Estoy viviendo una realidad llena de diversión y juego?
- ¿Qué más podría elegir que fuera más divertido?

La energía del juego no es acerca de repetir lo que era divertido cuando eras niño, es el espíritu de la diversión y el patio de juegos de la posibilidad que tenías ahí, en el ahora. Es acerca de lo que puedes hacer para crear una nueva posibilidad y salirte de la limitación de cada día.

Por ejemplo, me podía sentar todo el día frente a mi computadora enviando correos y respondiéndole a las personas, pero eso no era realmente divertido para mí. Lo que es más divertido es hacer el trabajo de energía, el show de radio en Voice America, escribir estos capítulos, y hablar con las personas creando posibilidades.

Pero hubo un largo periodo en mi vida donde jugar era algo inseguro, y yo era más rígida y mejor dentro forma y la estructura. Si algo cambiaba, eso me alteraba. Ahora casi no tengo estructura.

Sólo sigo la energía de "lo que es" y lo que se requiere de mí, cada día.

Esta es lo que hacemos como niños. Sólo seguimos la energía de lo que es posible hoy. Cuando el abuso ocurre, la libertad inocente y tu patio de juegos de posibilidades se cierra, se limita y se restringe.

Afortunadamente, hay una forma de volver ahí.

LO LIGERO ES CORRECTO

Las personas consideran divertido lo que es ligero para ellos; es algo que puedes sentir en tu cuerpo. Lo ligero es como la verdad, porque las cosas más expansivas y gozosas que te gusta hacer, aligeran a todos. Así, eres más divertido para todos nosotros.

La energía de jugar es acerca de descubrir lo que tu realidad de diversión es, emocionalmente, financieramente, relacionalmente, sexualmente o de otra forma, preguntando: "Cuerpo ¿Qué quieres hacer hoy? ¿Qué te gustaría comer? ¿Qué te gustaría crear? ¿Qué parte de tu negocio requiere de tu atención hoy?

Si mi cuerpo me dice, "vamos al gimnasio," y yo no voy, se pone realmente triste. Ir al gimnasio puede ser una forma de juego, moviendo al espíritu y la energía. O si mi cuerpo dice, "Come esto" y yo como algo más, estoy pasando sobre de él. La idea completa es escuchar a tu cuerpo, escuchar los susurros de lo que tu cuerpo te está diciendo que requiere cada día, y lo que tú requieres cada día, e ir hacia adelante con ello.

Puedes llevar esa energía de juego a todas tus decisiones sobre lo que es correcto para ti. ¿Cómo? Bueno, ¿qué es divertido para ti? ¡Haz eso!

¡LO QUE ES DIVERTIDO PARA TI, ES JUGAR!

Esto es lo que te hace trabajar todo el día sin comer, de pronto voltear y pensar, "¡Wow, no he comido!" Te estás divirtiendo porque estás realmente interesado en lo que estás haciendo. Estás viviendo de la energía justo como hacen los niños, que continuamente necesitan que les recuerdes, "Tienes que comer, ya tienes que acostarte." Ellos están en el ahora, experimentando una libertad, de la que literalmente tienes que sacarlos a jalones.

La mayoría de las veces, los adultos tienen que volver a aprender cómo se siente lo ligero y lo pesado, para cuando se les presente la elección, lo sepan en su cuerpo. Donde ha habido abuso, tu energía es infiltrada, tu espacio es violado, y tu consciencia es anestesiada. Con todo eso sucediendo, ¿cómo podrías saber que es ligero y correcto para ti? Si sólo sabes lo que el sufrimiento y lo malo significan. El abuso se apodera de tu forma de ver la vida y la retuerce para que sea peligrosa y nada divertida.

El volverse consciente de lo que es ligero y correcto para ti, te permite crear lo que es divertido para ti. Es como reprogramar tus moléculas a lo que sabían antes de que fueran abusadas.

Si se siente ligero, expansivo y burbujeante, ve por ello. Si es pesado y denso, haz más preguntas y no lo elijas hasta que exista ligereza. Desafortunadamente, muchos de nosotros elegimos lo denso y pesado y no lo ligero, y así es como despertamos en oficinas psiquiátricas esperando por nuestros medicamentos.

Sólo recuerda.....

LO QUE ES LIGERO ES CORRECTO.

Lo divertido está en ser una demanda para ti mismo, como los niños, sólo sigue el, "¡Hey, vamos a hacer esto! Y ¡Hey, vamos a hacer aquello!" Por supuesto, como adultos, hay una naturaleza más práctica en ello, pero si personificas la energía del juego de la que estoy hablando, vas a emplear tu imaginación generadora y creativa. Es la infantil inocencia en todos nosotros, que vive dentro de nuestros cuerpos sin importar la edad que tengamos.

Y es tan fácil como elegir estar completamente presente haciendo lo que te gusta, en este momento, en la forma más ligera y expansiva.

INCREMENTOS DE 10 SEGUNDOS

Especialmente cuando inicias la herramienta de "Ligero y Pesado", es particularmente efectivo si la haces combinando con elecciones en incrementos de 10 segundos. Esto significa que haces una elección cada 10 segundos, dándote a ti mismo la libertad de cambiar tu mente y sintonizarte con lo que es de mayor verdad para ti, en cualquier momento. Eso es jugar.

La belleza de los 10 segundos se divide en dos: 1) te conectas con más libertad y 2) descubres más intimidad contigo mismo. Si eliges algo y no te funciona, en los siguientes 10 segundos eliges nuevamente. Cada elección te da una consciencia de lo que funciona para ti, teniendo en mente que lo que te funcionó ayer, puede no funcionarte la próxima semana, o lo que te funcionó hace una hora, puede no funcionarte en este momento.

Si nunca has vivido en incrementos de 10 segundos, como podrás imaginar, oscilarás entre libertad y constricción la mayoría de las veces. Pero nosotros sólo estamos buscando un punto de transición para realizar un cambio. Como un músculo, tú lo trabajas.

Algunas veces me preguntan: ¿qué tiene que ver el propósito en todo esto?. Bueno, si estás eligiendo en incrementos de 10 segundos, no puedes quedarte atrapado en un propósito. Es más acerca del placer, sabiendo que vivir una vida juguetona y gozosa, crea felicidad, y yo propondría que la felicidad y la consciencia son los objetivos más grandes que tenemos en este planeta. Piensa acerca de cuánta gente conoces. ¿Alguna vez has notado que todo parece venir a ellos con facilidad, gozo y gloriaTM?

Cuando estoy feliz todo funciona. Cuando estoy en mi energía llena de juego, sólo me enfoco en la expansión y la posibilidad. Sólo estoy aquí disfrutando cada momento en este planeta, como una posibilidad de generación y creación hacia una nueva clase de realidad, una que reproduzca gozo, placer, posibilidad, juego y felicidad. Esa es una realidad muy diferente a alguien que ha sido abusado y piensa, "Todo es tan difícil y sin importar cuánto haga o qué tan duro trate, nada cambia para mí."

EL JUGAR ES PRÁCTICO

...encuentra lo que es más interesante para ti. Mientras más aprendes, más quieres aprender. Es divertido.

Warren Buffett

La energía del juego no es sólo divertida, es también práctica. Ciertamente funcionó para Warren Buffett quien, en "Tap Dancing to Work" (Yendo al trabajo haciendo Tap) de Carol Loomis, es descrito como motivado por la diversión. No por hacer dinero. Y he tenido muchos clientes que dejan sus trabajos por algo que ellos realmente aman y, cuando lo hacen, ganan tres o cuatro veces la cantidad que generaban antes.

Cuando tu cuerpo te dice lo que quieres y tú lo haces, lo que se muestra en tu vida se convierte en algo más fácil y lleno de diversión. Escuchando lo que es correcto para ti y poniéndolo frente a ti, estás conspirando con el universo a hacer tu vida más fácil, todo por estar haciendo lo que te divierte.

Contrariamente, si algo no está funcionando para ti, lo eliminas de tu realidad. Esto no significa no pagar tus cuentas, sino encontrar otra forma más divertida y gozosa de hacer las cosas.

Por ejemplo, yo tengo mis recibos en un plan de pagos automático con mi banco, porque no es divertido para mí perder tiempo haciendo los pagos cada mes. El saber que está siendo manejado cada día, cada mes, eso es divertido para mí, y cuando he generado más de lo que tengo que pagar, lo cubro. Me gusta no tener que preocuparme por atrasarme con nada; no es ahí donde deseo poner mi atención. Mejor la pongo en crear una nueva posibilidad y, si eso es algo más allá de lo que actualmente tengo, sé que tengo la libertad de elegir salir y crear el dinero extra para ello.

EL PUENTE HACIA EL ESTADO DE LA VIVACIDAD RADICAL

Como el catalizador del movimiento Live your ROAR (Vive tu "ROAR", por sus siglas en inglés), el objetivo es erradicar todas las formas de abuso de este planeta a través de 2 métodos dominantes:

identificar la jaula invisible del abuso y dirigir a las personas a cruzar el "puente" hacia un estado de vivacidad radical.

Recuerda, la Vivacidad Radical está conformada por 4 elementos o las 4 Cs (por sus siglas en inglés): Elígete a ti, Comprométete contigo, Colabora con el universo, sabiendo que está conspirando para bendecirte, y Crea la vida que deseas.

¡Estar en Vivacidad Radical es divertido!

Cruzas el puente cuando entras en el espíritu de jugar y elegir lo que es divertido para ti. El único objetivo en la energía de jugar, es ponerte a ti mismo primero.

Si no estás acostumbrado a hacer esto, entonces la idea de elegir para ti va a ser una perspectiva nueva y radical. Ciertamente, las personas que han sido abusadas, son las más confundidas por esta noción porque anteponen a los demás primero, como si ellos no existieran.

El jugar, actúa para reclamar tu libertad de expresión.

Más allá de las intenciones y las metas, aprender a elegir para ti desde la energía de jugar, va a abrirte nuevas posibilidades en cada momento, y te traerá de vuelta hacia la comunión con toda la vida a un nuevo nivel de facilidad, gozo y gloria.

En el próximo capítulo, voy a presentarte la energía del espíritu y el saber – una parte intrínseca e inconsciente de todos los niños que, con abuso o sin él, tiende a ser olvidada y dejada atrás en el camino a la adultez.

Porque, como verás, mientras más amistad hagas con esta energía innata y la uses, te será mucho más fácil entrar al espíritu de jugar.

OCHO

·············

La cara en la Luna

Y acabé enamorándome de la luna porque
ella fielmente, venía noche tras noche.

Desconocido

Mi habitación era mi santuario cuando niña, creciendo en una casa extremadamente violenta y abusiva. Era el único lugar donde podía escapar de toda la locura de mi hogar. Había una pequeña ventana junto a mi cama, y cada noche cuando la luna salía, me ponía de rodillas y la veía por horas, disfrutando de su hermosa cara mirándome, sintiendo su energía sonriente, dejándome saber que todo estaba bien.

Una noche, después de uno de mis largos diálogos con la luna, recuerdo haberme dado vuelta y ver que mi habitación se había transformado en todos los colores del arcoíris con hadas y ángeles, lo que ahora conozco como dioses y diosas, entidades y deidades, bailando alrededor en una alocada fiesta, la luz rosa de la compasión, la luz azul de la creatividad, todo ahí para que yo lo experimentara.

Comencé a pasar mi tiempo en ese mundo especial de energías mágicas y descargué toda clase de información acerca de a qué poner atención, los regalos que poseía y lo especial y diferente que yo iba a ser en la vida. Estas criaturas de otro mundo, se convirtieron en mis amigos y compañeros de juegos, y algunas noches no podía esperar el momento para irme a mi cuarto. Siempre supe que había algo más ahí afuera, así que nunca tuve miedo de este reino, aún si este desafiaba el tiempo y el espacio como lo conocemos.

Me di cuenta de que algo más era posible y que cuando estaba en esa energía, nada de la locura que vivía podía afectarme. Fue entonces que supe que el trabajo de mi vida era ser un puente del mundo espiritual, con el mundo físico y conectar con la energía ATP de la creación. ATP (Trifosfato de Adenosina), o la energía del espíritu como yo la llamo, nos provee de la energía de todo y está en cada célula de nuestro cuerpo, incluyendo aquellas del universo y la tierra en la que vivimos.

LA ENERGÍA DEL ESPÍRITU Y DEL SABER

¿Cuál es la energía a la que todos podemos recurrir y comulgar con? ¿Qué es este espíritu que se mueve a través de todas las cosas... que crea todas las cosas?

Hoy, cuando pienso en el espíritu, no pienso en hadas, ángeles o entidades.

En su lugar, pienso en algo que Amma (una sanadora espiritual con la que estuve 15 años, como parte de una comunidad espiritual) diría, el niño, como energía profunda dentro de nosotros, es Dios.

La energía del espíritu es, para mí, como la molécula de ATP (trifosfato de adenosina) que llena de energía cada célula en nuestro cuerpo y es literalmente llamada, energía de vida. Es la energía del espíritu que está en nuestros cuerpos y en todo lo que somos.

Hubo un tiempo en mi vida en el que fui muy infeliz, bebía mucho, estaba deprimida, pesada y nada me funcionaba. Me sentía terrible y muy sola en mi interior, como si todo estuviese sucediendo alrededor de mí y yo no estuviera conectada a nada.

Una noche estaba bebiendo y decidí que iba a suicidarme para ya terminar con todo esto. No fue premeditado, pero cuando vi el autobús acercarse y me bajé de la acera para pararme frente a él, sentí algo que me tomaba de los hombros y me jalaba hacia atrás. Estaba en shock. Miré alrededor y no había nada ni nadie ahí, fue entonces cuando supe que alguien o algo me cuidaba. Fue la llamada de atención que necesitaba para recordarme que hay algo más allá de esta realidad y que está conectado a mí, y yo necesitaba saber más acerca de eso. Y desde entonces, ha habido muchas veces que me he sentido sostenida en mi camino y guiada hacia donde estoy ahora.

Después de convertirme en psicoterapeuta y comenzar mi negocio, padecí una enfermedad que amenazó mi vida, y para sanarme, comencé a usar Theta Healing®. Esto cambió totalmente mi práctica de psicoterapia. Con esa técnica, realmente tienes que aplicarte en tu saber del espíritu. Cada día, me sentaba en la silla de mi oficina y yo, como Sheryl Sandberg (directora de Facebook y autora del best seller; "Lean In" (Acércate) dice, "acércate" a escuchar a la energía del espíritu, la energía del saber.

Podía dar información a mis clientes que no había forma consciente que supiera, y frecuentemente me miraban asombrados. Me decían: "¿Cómo sabes eso?" "¿Cómo podrías saber eso?" "¿Dónde obtuviste esa información?" "Yo no te dije eso." Y tenía que ser gentil con mi saber para no abrumarlos con las cosas a las que era capaz de conectarme a través de la energía del espíritu.

En esa época, yo usaba herramientas como la respuesta muscular y, después, en Access Consciousness®, "ligero y pesado" para ayudar a mis clientes a sentir su propio saber a través de su cuerpo y empoderarlos a reconocer lo que ya saben. Me quedó claro que estaba siendo un canal, un conducto (la información viene y pasa a través de mí para ti, sin juicio o punto de vista), para las personas que venían a mi consulta por la conexión con esos reinos, realidades y energías.

Y aún antes de Theta Healing®, siempre tuve la sensación de que había otra parte de mí, conectando con las personas, que era única e inusual. Yo lo sabía y mis clientes lo sabían. Ellos decían cosas como: "Eres un terapeuta distinto a todos los que he tenido antes. Tú haces esto de forma diferente. Nunca me había sentido así antes."

Creo que tengo esta capacidad por mi consciencia en la energía de la "cara en la luna", mi consciencia en la energía que se mueve en todas las cosas, incluyendo nuestros sistemas de creencias, que a su vez forma nuestros cuerpos y todas nuestras realidades. También creo que estas realidades pueden ser cambiadas, transformadas, y sanadas colaborando con la consciencia de algo que está más allá de esta realidad.

Para alcanzar este grado de consciencia, debes colaborar con la tierra y colaborar con las moléculas inherentes a la tierra, que no tienen diferencia con las moléculas de nuestro cuerpo que sostienen el ATP, la fuente de poder de nuestro cuerpo.

Por esta temprana experiencia con la energía del espíritu y el saber, y la información que recibía. Siempre he sentido que mi trabajo en la tierra era unir esos dos mundos, el espíritu con el físico. Probablemente no es accidente que soy un Sagitario, representado por el Arquero y dibujado como un arquero humano disparando hacia el cielo y un caballo con los pies en la tierra. Yo soy ese puente para las personas entre nuestra realidad actual y lo que es posible en otros reinos.

Con cualquier cliente que trabajo, incluyéndome a mí misma, siempre estoy buscando por esas partes de nosotros que se fragmentaron, bloqueando nuestra habilidad de accesar nuestro propio saber y nuestra energía del espíritu. Esto puede significar volver a una edad muy temprana y buscar la escena donde están todavía atoradas, sin importar la edad en donde eso tomó lugar. Los ayudo a ver directamente a los ojos de su niño interior para obtener la información acerca de lo que está manteniéndolos atorados, separados de ellos mismos y explorar la emoción que está ahí, el miedo, la rabia, la vergüenza, y después, reconocerla junto con su yo adulto.

Todo se hace viéndose a los ojos.

Una vez que ellos han dicho todo lo necesario en ese momento, siempre les pido, como el adulto, que extiendan su mano hacia el niño. Algunas veces este la toma y otras no, si es el caso, trabajamos para que el niño lo haga, tal vez en esa sesión o en alguna otra. Usualmente el niño pregunta "¿Puedo confiar en ti?" Esencialmente, tiene que "conocer" al adulto. Para mí, esto es como conocer nuestra propia energía del espíritu o nuestro aliado interno.

Esta es una verdadera comunión del espíritu.

Cuando ellos regresan de esa escena, hay usualmente una escalera color arco iris que transporta a ambos, al niño en la escena y al adulto de vuelta la oficina donde estamos, o al grupo, e integramos a ese niño en el ahora. Nunca falla que el adulto dice que esta experiencia, de manera fundamental, los ha cambiado. Ellos ya no reaccionan con cosas que antes les molestaban, como podemos ver en este extracto de un testimonio que recibí de uno de mis clientes:

> *He probado muchas cosas para cambiar todos los aspectos de mi vida que no han estado funcionando. He estado terriblemente frustrado y muy cerca de darme por vencido, tomando clase tras clase, usando las herramientas que me fueron entregadas, sabiendo que deberían estar funcionando tan dinámicamente como parecen funcionar con otras personas, pero no sabiendo porque no funcionaban para mí. He trabajado con muchos, muchos facilitadores, algunos han tenido éxito en asistirme a llegar al punto de poder mirar el trauma y el abuso, sólo para ser dejado colgado una vez que la puerta al abuso era abierta, porque ese facilitador, no sabía lo que se requería hacer una vez que esta puerta se abría. Esto era terrible para mí, e incluso me tomó un largo tiempo el estar dispuesto a volver a intentarlo....*

> *Mientras dejaba la clase para ir a casa, me di cuenta de que en lugar de la respiración superficial con la que había vivido toda mi vida,*

mi respiración llegaba completamente dentro de mi cuerpo, como si finalmente estuviera viviendo en mi cuerpo por primera vez. Mi cuerpo se siente totalmente diferente. Mi ser se siente más conectado a mi cuerpo y todo es más suave. Estoy muy agradecido que hayas creado el espacio; que hayas traído todas tus maravillosas capacidades para ayudarme a reconectarme conmigo mismo. Yo sé que las cosas no van a volver a ser como antes y sé que el regalo que yo soy está disponible para mí a cada momento.

Esta es la energía del espíritu, y eso es lo que estoy haciendo, estoy llamando a todos esos niños perdidos, los espíritus fragmentados de estos maravillosos seres y conectándolos con "la inocencia infantil dentro de nosotros que es Dios," trayéndolos al frente, permitiendo a este ser humano tener total elección, completo poder, y total capacidad en cada momento, para colaborar con todo.

Sin la energía del espíritu y el saber, es como tener un manual al que le faltan partes y piezas. La totalidad del espíritu no puede ser percibida, como resultado de la separación que se llevó a cabo.

En este trabajo, antes de poder llegar al niño, tengo que aclarar los juicios, creencias y personificaciones que la persona ante mí, el adulto, piensa que es. Cuando el cuerpo del adulto se vacía de creencias y juicios que no son suyos en primer lugar, como los sistemas de creencias de nuestros padres y abuelos, los votos y/o las obligaciones; frecuentemente encuentro ahí a niños que están atrapados en escenas donde no sabían que hacer. Un mecanismo psicológico de compensación, aparece cuando una parte de nosotros se va y otra parte se queda atrapada en la escena a los 4 años de edad. Esa parte no se muere o deja la escena, se queda atrapada en la cocina o la recámara o donde sea que ésta se haya llevado a cabo.

Hay toda clase de escenas donde esto puede suceder. Pudiera ser simplemente una mamá y un papá gritándose y uno de ellos amenazando con irse. Pero lo que el niño oye es: "Oh Dios, toda mi seguridad está siendo amenazada." Ellos no pueden manejar eso o hablar de ello, así que se separan a sí mismos y se esconden en el closet de su recámara.

Cuarenta años después, ellos están en terapia y esa escena está en el corazón del problema.

Afortunadamente, ellos no tienen que quedarse atrapados, y este es uno de los componentes que mi trabajo trata. Voy y recojo esa parte junto con ellos, después de que soltamos y reconocemos lo que sea que haya creado la separación que no es cierto.

Esto ha sido el problema, ellos no están creando sus vidas desde la totalidad de quienes son realmente. Lo están haciendo desde una parte que se creó en trauma y en shock.

Cuando traemos de vuelta esa parte, ellos sienten lo que mi cliente sintió, que todo ha cambiado y que nada será igual nuevamente. Ahora tienen una conexión con su propio espíritu, su propia energía, su propio ser infinito, que es fenomenal y mágico, y están llenos de posibilidades y elección total sin importar lo que suceda. Ya no es más un universo de no elección.

Hay otra posibilidad.

¿Cómo nos conectamos con la totalidad del espíritu?

CONECTÁNDOSE A LA TOTALIDAD

La energía del espíritu es esa parte que llamamos de varias formas, Dios o el universo, el saber infinito, no importa, es aquello que percibimos como algo diferente que nos regala y trabaja en colaboración con nosotros. La energía de saber es interna; es nuestra habilidad de recibir intuición, nuestro percibir, saber y ser.

Para ser más consciente de estas energías, hay prácticas o ideas fuera de la terapia o de las clases, pasos que puedes tomar a nivel personal para conectarte con tu totalidad innata:

Sal a la Naturaleza

Una de las cosas que me sostuvo cuando exploraba mi camino hacia el espíritu, fue mi participación en los deportes. Cuando jugaba soccer, al escalar, andar en bicicleta, correr a la cima de una montaña, me sentía fuerte, ágil y libre en mi cuerpo, con la certeza de que podía hacer cualquier cosa. No había límites a mi agilidad y habilidad para tener comunión con mi cuerpo y con la tierra. Sentía una paz después de haber estado activa, que respiraba: "Todo está bien."

Cuando estás en esa energía del espacio, todo es posible y puedes expandirte con el universo y ser uno con las moléculas. Básicamente, es acerca de tener gratitud por la tierra y salir a ella de alguna manera.

Así que anda, abraza un árbol. Toma una caminata meditativa descalzo. Pon tu cuerpo y tu ser más cerca de la tierra y respira.

Mi Amada Abuela – El Arte de Recibir

Mi abuela abrió un espacio en mi mundo para recibir la energía de ser yo, más completamente.

Cuando era una niña pequeña, la única persona con la que me sentía bien era con mi abuela. Caminaba con mi abuela a la iglesia cada día cuando me quedaba con ella, y ella rezaba las plegarias en voz alta en la banca de la iglesia.

Un día ella rezó, "Algún día mi alma y yo seremos sanados." El libro de plegarias realmente no decía "alma", pero ella agregó esa parte, y cuando yo oí la palabra "alma" inmediatamente la miré y escuché un sonido en mis oídos parecido a "¿Qué es el alma?"

Mirando en retrospectiva, me doy cuenta de que toda mi vida ha sido una búsqueda del alma y el espíritu, que se abrieron por primera vez con aquellas introductorias y lejanas experiencias con la luna.

Escuchando los cantos, plegarias y salmos repetidas veces, mientras me sentaba a los pies de mi abuela siguiendo las venas de sus manos, una y otra vez, me sentía reconfortada por la repetición de sus palabras. A través de su "religión" yo abrí mi consciencia, mi percibir, mi saber y eso me permitió el lujo de ser. Todos requerimos al menos una persona, además de nosotros mismos, que de alguna manera nos refleje la brillantez que somos. Esos momentos infunden nuestro saber más allá de esta realidad. Desde ahí, elegimos la comunión de manera intrínseca.

Pregunta

Si recuerdas, en el Capítulo Dos hablé acerca de la importancia de hacer preguntas como una forma de colaborar con el Universo. Preguntando y estando en la pregunta, es una parte inherente de conectarte con tu saber, puede ser tan simple como preguntar por el siguiente paso a dar en tu vida, o lo que realmente deseas.

Algo que me he dado cuenta que funciona en mi vida para conectarme con la energía del espíritu y el saber, es enfocarme en lo que es mi objetivo haciendo una serie de preguntas y frases. Realmente las canto en una canción cada mañana así:

- ¿Quién soy hoy?
- ¿Qué aventuras grandes y gloriosas me esperan?
- ¿Qué más es posible?
- ¿Cómo puede mejorar esto?
- Universo, muéstrame algo hermoso hoy.
- ¿Qué energía, espacio y consciencia puedo crear en mí?
- ¿Qué contribución de espíritu y del saber puedo ser y recibir hoy?

También añado algo gracioso como, "¿Qué puedo ser o hacer hoy que creará más juego, diversión y alegría en este momento?"

A veces le pregunto a mi negocio cosas como;

- ¿Qué tomaría para sobre crearme nancieramente hoy?
- ¿Qué requiere mi negocio de mí?
- ¿Qué le gustaría hacer hoy?
- ¿Con quién necesito hablar hoy?

Para mi salud puedo preguntar:

¿Cómo le gustaría a mi cuerpo moverse hoy?

¿Qué le gustaría a mi cuerpo comer que me llenaría de energía y ligereza?

Tengo que agradecer a Access Consciousness y a sus fundadores, Gary Douglas y al Dr. Dain Heer, por su contribución a la "canción de mi espíritu", por medio de preguntas, que me mantienen fresca y viva en posibilidad cada día.

Está bien dejar ir

A veces tienes que dejar ir cosas que no están funcionando y decir, "Bueno, pues cedo ante lo que está muy por encima de mí." En cierto modo, el proceso creativo completo es un gran dejar ir, dejar ir el apego a algo que deseas. Las expectativas, decisiones, juicios, conclusiones y proyecciones, pueden invalidar tu saber, tu percibir y tu habilidad de recibir.

La verdad que conozco, es que vivimos en un universo que conspira para bendecirnos. No importa cuánto abuso sufrí o cuánto no deseaba vivir a veces, la energía de mi saber fue lo que me mantuvo en pie y lo que me sostuvo navegando esas aguas turbulentas para llegar a la otra orilla y ser capaz de ofrecer algo valioso para ayudar a muchos otros.

Muchas personas están perdidas en esta realidad y buscan terapias, meditaciones o comunidades espirituales para conectar con toda la energía que vi tan claramente a la edad de 7. Yo también he hecho esas cosas, en un esfuerzo de sanar y conectar más profundamente.

Muy bien, esto es lo que me he venido preguntando......

Es una pregunta, una llamada a la acción, si así quieres.

Si puedes expandir tu energía para incluir trabajar con el espíritu de la tierra, el universo y tu propio saber para colaborar con todos ellos, ¿qué más podemos crear juntos para que seamos la energía del espíritu todo el tiempo, en todo lugar, y en cualquier situación aún si nos sentimos apoyados o no?

Y ¿Qué tomaría para que la energía del espíritu que está muy dentro de ti se mostrara y fuera el catalizador en tu vida ahora y por toda la eternidad?

Después de todo, el mundo está esperando por ti.

En el siguiente capítulo, compartiré algunos pasos, junto con algunos tips poderosos, que puedes poner en práctica hoy para apoyar a experimentar la verdadera felicidad en tu propia vida. He compartido estos pasos con miles de mis clientes.

Créeme, funcionan.

NUEVE

....

La llave a la felicidad, reside dentro de ti

Tú puedes correr, correr lejos de muchas cosas en la vida, pero no puedes correr de ti mismo. Y la llave de la felicidad es entender y aceptar quién eres.

Dale Archer

Hubo muchos pasos que tomé después de aquel trascendental día en la universidad cuando mi profesora se acercó a mí. No es como si la felicidad hubiera venido a mí de la noche a la mañana. Como he compartido, tuve que superar dos décadas de abuso para que pudiera honestamente decir que soy realmente feliz. Me siento gozosa, ligera y libre. Y tú puedes hacerlo también.

Si has sufrido o no con el abuso, las oportunidades son, si estás leyendo este libro, hay algo en tu vida que se siente como una trampa, una jaula, un modo en el que te sientes bloqueado, fuera de la posibilidad de la felicidad. Las buenas noticias son que la llave para esta jaula reside dentro de ti y te puedo ayudar a encontrarla y usarla.

PASO 1: RECONOCE TÚ INFELICIDAD

La Felicidad es ver todo de ti.

Ignorar la infelicidad no hace que se vaya. De hecho, ignorarla asegura que se va a quedar contigo por mucho más tiempo de lo que tú deseas. Es como un invitado indeseado en una fiesta: ignóralo y va a crear un alboroto.

Puedes negar que eres infeliz porque estás avergonzado o apenado de admitir a otros lo infeliz que eres. No estás solo en esto. Yo estaba horrorizada de admitir mi infelicidad ante los demás.

Pero cuando niegas tu infelicidad, te estás diciendo a ti mismo que no importas. Esta es realmente una forma de abandono y abuso. Imagina esta parte de ti que se siente tan infeliz siendo abandonada en un closet, en la obscuridad.

¿Le harías esto a un niño? Entonces no te lo hagas a ti. Cuando reconoces tu infelicidad, valoras tu experiencia; te valoras a ti mismo. Te permites reconocer, "Oye, yo importo." Esto abre un nuevo reino de posibilidades para lo que puedes ser y hacer desde aquí.

Esto también te ayuda a construir un puente entre tu mente y tu cuerpo. En lugar de dejar atrás esa parte infeliz de ti en un closet, todo tú estás comprometido y disponible. Esto te prepara para el éxito.

PASO 2: ELIGE LA FELICIDAD

Felicidad es elegir sólo por la diversión de hacerlo.

En mis años 20s, no pensaba que la vida en algún momento mejoraría. No creía que podía ser feliz, jamás. Pensaba que la felicidad estaba sólo disponible para otros. Cuando me gradué de la universidad, sabía que no podía regresar a la casa donde crecí. Sabía que eso me mataría, y aun así no estaba segura de lo que quería hacer.

Inspirada por mi profesora de la Universidad, me mudé a Arizona y trabajé en un Albergue para jóvenes en Crisis. Elegí estar en un ambiente donde sabía que podía hacer la diferencia. A través del albergue, trabajé con Servicios de Protección al Menor para proveer de hogares seguros, educación y comidas a niños que eran removidos de hogares violentos. También di terapia a estos niños. Quería que cada niño supiera que estaban seguros, que eran amados y estaban cuidados. Quería que ellos fueran capaces de poner su cabeza sobre la almohada por la noche sin ninguna preocupación o temor.

Ayudar a estos niños me dio felicidad.

Y como era yo un aliado para ellos, me convertí en un aliado para mí misma. Y mientras me di a mí el amor y el cuidado que nunca tuve mientras crecía, descubrí que podía hacer diferentes elecciones para mí.

Todas las dolorosas maneras con las que había vivido y con las que me había relacionado previamente comenzaron a desaparecer lentamente mientras elegía diferente. Por ejemplo, en lugar de tratar de escapar bebiendo o drogándome, podía escoger actividades que se sentían bien.

Hice elecciones basadas en lo que quería ser y hacer, ahora, no lo que había estado haciendo.

Podía realmente elegir la Felicidad.

Tú también tienes elección. Y tú también, puedes elegir la felicidad trayendo a tu vida algo que sea divertido, que te ilumine y te brinde alegría.

¿Qué significa eso para ti? ¿Un pasatiempo? ¿Ir al gimnasio? ¿Tomar una clase de baile? ¿Hacer voluntariado? ¿Qué es lo que está en el fondo de tu mente que no tiene sentido hacer, pero que sabes te traería felicidad? Podría ser algo que hiciste de niño, o tal vez algo que nunca has hecho antes o que sólo imaginabas harías. Lo que sea, podría ser la puerta a tu felicidad.

Elígelo.

Elige la Felicidad.

PASO 3: LIBERA TU ADICCIÓN A LA INFELICIDAD.

La Felicidad es permitir la facilidad.

Desafortunadamente muchas personas son adictas a su infelicidad. Esto suena loco, ¿verdad? ¿Por qué alguien elegiría ser infeliz?

Bueno, pues sucede que puede haber varios motivos:

- Es familiar.
- Es una forma de llamar la atención.
- Es una forma de conectar (quejándose acerca de lo que no está funcionando en la vida es una de las maneras en que esta sociedad forma relaciones).

Cuando las cosas no están funcionando, la gente te lleva al café, te lleva de compras, o te sugiere un día en un spa.

Sin embargo, cuando las cosas están yendo realmente bien, algunas personas se enojan contigo o se preguntan qué droga estás tomando. No les interesa apoyarte o salir contigo. De hecho, otros frecuentemente no saben cómo relacionarse con el éxito y el gozo de alguien.

La infelicidad se ha vuelto un hábito. El pesimismo prevalece. Nuestras vidas están alimentadas con el sufrimiento de lo que no está funcionando. Pero ¿Y si no necesitaras sufrir para salir de la infelicidad?

Las adicciones son una falta de facilidad.

La Felicidad es facilidad.

La gente con adicción al alcohol lucha para dejar ese hábito.

Al final, para poder soltarse de la botella, ellos necesitan apoyo.

De forma similar, la infelicidad es una adicción. Para poder dejar ir lo que te une a esta falta de facilidad, deja de pensar que puedes hacerlo por ti sólo. Tienes que estar dispuesto a solicitar apoyo.

PASO 4: COMPARTE TU HISTORIA Y CONSIGUE APOYO.

La Felicidad es recibirte a ti como regalo.

Traté de superar mi propio trauma e infelicidad por mí misma, pero eso no me llevó a ningún lado. Tomé alcohol y usé drogas para entumecerme por un rato porque no podía soportar el dolor que sentía.

Finalmente tuve que admitir que necesitaba apoyo, así que leí cada libro de auto ayuda que pude encontrar. Estos me dieron percepciones de la sanación y la felicidad, pero no eran suficientes.

Fue mi profesora en la Universidad quien me ofreció el apoyo que yo necesitaba proveyendo un espacio seguro para que yo contara mi historia. Hasta este tiempo, todos mis secretos y preocupaciones habían estado encerrados en mi cuerpo, descuidados y abandonados.

¿Cómo puedes experimentar verdadera Felicidad cuando partes de ti están bloqueadas?

Para poder dejar de elegir la infelicidad y comenzar a elegir la felicidad, necesitas llegar a la raíz de tu infelicidad. Esto requiere mirar eventos, situaciones y relaciones en tu pasado que están impactando tu presente.

La pesadez de tu infelicidad se levanta cuando tú tienes la visión y los oídos de un profesional; puede ser un terapeuta, doctor u otro practicante. El compartir tu historia en este modo comienza a liberarte de la jaula de la infelicidad.

Cuando haces esto te mueves de la esclavitud a la libertad, de la limitación a la posibilidad. No puedes crear un nuevo presente y futuro, hasta que encaras el pasado que te llevó a donde estás. Necesitas compartir tu historia, aprender de ella, y descubrir cómo puedes crear una historia nueva.

Una vez que aceptas el apoyo de un asesor en quien confíes, sentirás una profunda sensación de alivio de que ya no necesitas sufrir solo.

PASO 5: APRENDE A ESCUCHAR TU INTERIOR

La Felicidad es estar en silencio, escuchar y hacer exactamente lo que escuchas.

Puede parecer extraño al principio, que te anime a que pidas apoyo y luego te diga que escuches a tu propia guía, pero las dos son importantes. Trabajar con un terapeuta ayuda a aclarar y dejar ir mucha de la "estática" interna, para que puedas sintonizarte y escuchar tu propia guía interior. Al final, es tu guía interna la que es, en realidad, la llave a tu felicidad.

Muchas personas cometen el error de pensar que serán felices cuanto tengan un BMW, el trabajo en una corporación, el matrimonio con la "persona correcta," la casa con cerca blanca y 2.5 niños.

Pero esta es la verdad....

Crear una vida en lo que tú piensas que debes tener, o basada en lo que otros tienen, es el boleto a la infelicidad. Esto causa que tomes decisiones desde el exterior, en lugar desde tu interior.

Cuando te tomas un tiempo para sintonizarte con tu voz interior y permites a esa sabiduría guiar tus decisiones, comienzas a hacer diferentes elecciones. También empiezas a crear una nueva relación contigo mismo, basada en confianza y respeto. Esto conlleva a cultivar la felicidad contigo y con otros.

Muy probablemente has pasado la mayor parte de tu vida escuchando otras voces, así que te puede tomar algo de tiempo sintonizar y escuchar tu propia voz interior.

La siguiente, es una práctica que puedes realizar diariamente para fortalecer tu habilidad de escuchar tu voz interior:

a. Pon una alarma para (al menos) 5 minutos.

b. Hazte estas preguntas:
   - ¿Qué es lo que quiero?
   - ¿Qué experiencia es la que estoy buscando?
   - ¿Qué me ayudará a encontrar eso?

c. Escucha y escribe las respuestas para cada pregunta. (No trates de "descifrar" las respuestas sólo permítete escribir en una oleada de consciencia sin editar o parar.)

Cuando escuchas y actúas según tu voz interior, estás viviendo de adentro hacia afuera. Este es tu boleto a la verdadera felicidad.

Paso 6: Deshierba y Planta Nuevas Semillas

La Felicidad es permitirte plantar tu propio jardín.

Para ser honesto, si quieres ser feliz, necesitas estar dispuesto a cuestionar todo en tu vida. Necesitas estar dispuesto a cambiar cualquier cosa que no esté contribuyendo a tu elección de ser feliz.

Ser feliz es un "trabajo interno". Sin embargo, las personas, los eventos y las situaciones con las que te rodeas van a añadir o van a restar a tu felicidad.

¿Qué tan dispuesto estás para reconocer que algo que has estado haciendo por "X" número de años ya no te llena – y qué tan seguido evitas cambiarlo?

No puedes ser feliz si no arrancas la hierba que ha bloqueado tu vida, así que una vez que reconozcas que algo no te está funcionando:

Agradécele por todo lo que te ha dado.

Déjalo ir con amor y gratitud, sin conflicto.

Ahora que has arrancado la hierba, hay espacio para plantar nuevas semillas. Te puedes preguntar: ¿Qué es lo que me va a hacer feliz?"

Todo lo que has hecho durante estos pasos va a apoyarte en plantar nuevas semillas de felicidad. Y así como un jardinero cuida sus plantas de forma regular, tú también, necesitas cultivar regularmente el jardín de tu vida quitando la hierba y cuidando las nuevas semillas que plantes.

PASO 7: DESATA TU GENIALIDAD

La Felicidad es saltar a lo desconocido, sabiendo que la red va a aparecer.

Ahora es cuando esto se pone Bueno, mejor que Bueno.

¡Se pone genial!

Mientras sigues los pasos del 1 al 6, comienzas a crear una vida para ti más allá de todos los puntos de referencia que son familiares. No existe más ninguna limitación a lo que puedes ser y hacer. Te conviertes en el creador de todas las nuevas posibilidades.

Aquí es cuando "Desatas tu Genialidad" y saltas hacia más felicidad de lo que nunca pensaste fuera posible.

Y aquí también, se vuelve engañoso....

Puedes empezar a dudar de ti y a cuestionarte, "¿Puedo realmente tener todo esto?" (¿Recuerdas el Paso 3 y la adicción a la infelicidad?) O tal vez te de miedo dar el salto.

"¿Habrá ahí una red?"

"¿Me caeré y me partiré la cara?"

Cuando esto suceda, depende de ti el elegir nuevamente.

"¿Elijo creer que el Universo está en mi contra o está apoyándome?" Yo creo en el aire aun cuando no puedo verlo. No es tangible y no puedo sostenerlo en mi mano, sin embargo, no puedo vivir sin él. Del mismo modo, tú haces el salto, sabiendo que el Universo te respalda y que una red va a aparecer.

Cuando lo haces, serás catapultado a la vida que siempre soñaste era posible. Y las semillas que plantaste van a florecer en más posibilidades para ti también.

Mantén en mente que no puedes realizar este salto hasta que reconozcas que eres infeliz, elijas la felicidad, dejes ir tu adicción a la infelicidad, consigas apoyo, escuches, deshierbes y plantes nuevas semillas.

Ahora estás listo para Desatar tu Genialidad.

Muy parecido al camino Amarillo del Mago de Oz, estos pasos son una receta sólida para la felicidad.

La pregunta real es ¿Vas a elegir?

La felicidad es tu derecho divino de nacimiento.

EPÍLOGO

······················

Permítete a ti mismo confiar en la alegría y acogerla. Te vas a encontrar bailando con todo.

Ralph Waldo Emerson

Si algunas de las ideas que has leído parecen una perspectiva radical, es lo esperado.

Cuando has estado viviendo en una forma tan limitada, controlando y racionando tu energía, confinado en un pequeño círculo de movimiento – en la jaula invisible del abuso – puede parecer un poco fantasioso, tal vez fuera del reino de tu imaginación, el hacer las cosas completamente diferente....

Para vivir una Realidad Radicalmente Orgásmica y Viva. O, como me encanta decirlo.... Para vivir tu "ROAR" (por sus siglas en inglés).

La verdad, es que lo que he presentado aquí es sólo el inicio, para encaminarte hacia un estado de Vivacidad Radical, más o menos como "Patea al Abuso en el trasero" etapa de entrenamiento.

(si deseas saber más, asegúrate de obtener una copia de "Patea al Abuso en el trasero" cuando sea publicado, o visita mi sitio web www.DrLisaCooney.com)

Aun así, como prometí al principio, las herramientas, conceptos, tips y pasos que presenté en este libro, van a guiarte a través de la montaña de resistencia que te ha tenido atado a tu oprimida experiencia de vida.

La Resistencia viene en varias formas y muchas de ellas parecen muy "reales" y creíbles. Realmente parece que no tienes dinero, tiempo, energía, conocimiento o la habilidad para hacer lo que deseas.

Pero estas no son razones ni justificaciones.

Estas son creaciones.

Y todas ellas fluyen de la idea de "Algo está mal en mí...¿Ves?"

Si se puede decir algo acerca de la resistencia, es que siempre hay algo entre tú y lo que deseas. Al final del día, sin embargo, todas son creaciones, excusas disfrazadas, diseñadas con un propósito en mente: evitar que te aventures más allá de lo que sabes y percibes como seguro.

Cuando miras más de cerca, esta forma de seguridad es un término relativo, un objetivo en movimiento, que se define por el contexto que creaste en algún punto para protegerte. Y cuando vives en la jaula invisible del abuso, creada por un pasado abusivo, ¿qué es seguro en realidad?

Así que la próxima vez que sientas resistencia, tengas miedo de encarar algo, o sientas que has hecho de todo y nada está funcionando, aquí hay algunas preguntas que puedes hacerte:

¿Si supiera que esto me está deteniendo, estaría dispuesto a dejarlo ir?

¿Estoy dispuesto a dejar ir mi juicio acerca de esto?

¿Estoy dispuesto a cambiar "X" por "Y"?

Para cerrar, la verdadera seguridad sólo puede ser experimentada a través de la expansión y la consciencia, a través de tu propia consciencia en el presente. Proviene de aprender a reconocer y escuchar los susurros de consciencia dentro de ti, confiando en lo que oyes y actuando acorde momento a momento.

La seguridad está en elegir la felicidad y dejar que sea tu guía.

Esta se expande en la facilidad, ligereza, gozo y diversión que es posible cuando eliges para ti.

Y por último, es aprendiendo a vivir con bondad....

Para otros, para el planeta, y sobre todo....

Para Ti.

Dra. Lisa Cooney

Acerca del Autor

La Dra. Lisa Cooney es un líder creativo y generador en el área de la transformación personal y una experta en avanzar más allá del abuso. Como terapeuta licenciada de Parejas y Familia, PhD, Master en eta Healing y Facilitador Certificado de Access Consciousness®, ella es la creadora de Live your ROAR! (por sus siglas en inglés) ¡Sé tú! ¡Más allá de todo! ¡Creando Magia!

Reconocida experta a nivel internacional, el trabajo de la Dra. Lisa les ha permitido a miles de personas cruzar el Puente desde el abuso sexual sufrido en la niñez, y otras formas de abuso, a vivir una "Realidad Radicalmente Orgásmica y Viva" (ROAR por sus siglas en inglés)

La magia de su trabajo se centra en conceptos medulares que ella ha usado para sanarse a sí misma, no sólo del abuso que sufrió en su niñez, sino también de una enfermedad que amenazó su vida. Estos principios esenciales, que incluyen las 4 Cs (por sus siglas en inglés), Elígete a ti, Comprométete contigo, Colabora con el universo, sabiendo que está conspirando para bendecirte, y Crea la vida que deseas., son la piedra angular para una transformación profunda y duradera.

Además de sus contribuciones revolucionarias y "reveladoras" a la sabiduría transformadora del cuerpo, ella es magnífica usando las herramientas creativas de Access Consciousness® y de otras modalidades, para facilitar a otros a ir más allá de los obstáculos hacia un lugar de su propio saber.... Ese espacio donde tienen acceso directo a los susurros de consciencia

Conocida por su enfoque en la vida de ¡Lo quiero! Cueste lo que cueste, la Dra. Lisa enseña a las personas cómo emplear de manera juguetona, esta energía mágica y generadora para crear una vida que es ligera , correcta y divertida para ellos.

Lightning Source UK Ltd.
Milton Keynes UK
UKHW011107311018
331517UK00014B/1171/P

9 781634 931625

Lightning Source UK Ltd.
Milton Keynes UK
UKHW011107311018
331517UK00014B/1171/P

9 781634 931625